本书系广东省哲学社会科学"十三五"规划 2020 年度学科共建项目"基于协同理论的乡村学校改进实证研究"（批准号：GD20XJY21）的研究成果之一；广东省重点学科建设科研能力提升工程项目"义务教育学生综合素质评价的校本策略研究"（课题编号：2021ZDJS054）阶段性成果

高品质 学校 建设十二讲

刘建强 ◎ 著

吉林大学出版社

·长 春·

图书在版编目（CIP）数据

高品质学校建设十二讲/刘建强著. -- 长春：吉林大学出版社，2023.6
ISBN 978-7-5768-1794-2

Ⅰ.①高… Ⅱ.①刘… Ⅲ.①学校管理-研究 Ⅳ.①G47

中国国家版本馆CIP数据核字（2023）第109669号

书　　名：	高品质学校建设十二讲
	GAOPINZHI XUEXIAO JIANSHE SHI'ER JIANG
作　　者：	刘建强
策划编辑：	卢　婵
责任编辑：	杨　宁
责任校对：	单海霞
装帧设计：	三仓学术
出版发行：	吉林大学出版社
社　　址：	长春市人民大街4059号
邮政编码：	130021
发行电话：	0431-89580028/29/21
网　　址：	http://www.jlup.com.cn
电子邮箱：	jldxcbs@sina.com
印　　刷：	武汉鑫佳捷印务有限公司
开　　本：	787mm×1092mm　　1/16
印　　张：	16.25
字　　数：	230千字
版　　次：	2023年6月　第1版
印　　次：	2023年6月　第1次
书　　号：	ISBN 978-7-5768-1794-2
定　　价：	96.00元

版权所有　翻印必究

序一

2015年7月,我在参加广东省新一轮"百千万人才培养工程"小学幼儿园校(园)长高级研修班学习时认识了刘建强,那时他还是一名小学校长。近八年来,我们一直保持着经常性的工作联系,也结下了兄弟般的情谊。在中小学校长群里,我们都认为他是一位学历高、见识广、功底深,有专业情怀、学术精神又务实高效的学者型校长。

建强兄从小学校长转为大学教师之后,理论视野进一步打开,能够完美地将丰富的理论资源与多年的实践经验相结合,形成了更多的实效性强的研究成果和良好的培训指导效果。我一直敬仰建强兄的专业追求、率真性格和奉献情怀。因此,我的两届市名校长工作室以及这届省名校长工作室,都很荣幸地邀请到了他做我工作室的理论导师。我本人与工作室的校长学员在他的悉心指导下成长很快,收获很多。感恩建强兄一直以来的支持和指引!

我已担任了三届名校长工作室主持人,感受最深的是:每个阶段,引领一群人,做好一件事是主持人的使命。这些年,与导师一起学习、探讨、游历,无数次的耐心讲解、倾心交谈、人生感怀,使我对教育的理解从一所学校拓展到一个区域，到省、全国乃至世界，对校长这个岗位的认知也逐渐从自己拓展到一个群体、一种使命、一项事业。我逐渐升华以往零敲碎打与浅尝辄止的思维程式，对一个问题的追寻逐渐深入本质，发现原理，用结构化思维，系统化规划与探究，让实践成果日渐光芒闪耀！

为什么要选择高品质学校建设这个课题？

首先，是新时代教育发展的需要。习近平总书记在党的二十大报告中明确提出要以中国式现代化全面推进中华民族伟大复兴，强调教育、科技、人才是全面建设社会主义现代化国家的基础性、战略性支撑。以高质量发展推动中国教育现代化成为新的时代命题。我认为，高品质学校的建设是推进教育高质量发展的必由之路，是中国式现代化的学校使命。东莞市委市政府在"十四五"规划中提出了实施"品质教育"的发展战略，努力实现"学有优教"的新发展格局，高品质学校建设正是顺应新时代东莞教育发展的要求而为之。因而，我作为东莞教育人，探索莞邑特色的高品质学校建设之道，是本人与工作室众多同仁的共同使命，也是我们成就生命价值的过程。

其次，是我专业发展的心愿所致。任校长18年来，我与当前所在的学校——常平实验小学一起成长，常平实验小学从一所教学实力薄弱的农村学校逐渐成长为在省、市有一定影响力的品牌学校，而我本人也从一名普通的校长成长为省、市名校长工作室主持人。现在，我非常深刻地感受到，我在推动学校发展的同时，应该为校长这个职业做点什么，留下点什么。在一次和建强兄的深度交谈中，他希望省名校长工作室要研究基础教育改革的重大问题、关键问题，并提出高品质学校建设这个话题，以引领基础教育的高质量发展。他的话让我茅塞顿开，瞬间找到方向，立即将"高品质学校建设"作为本阶段工作室的主修课题。

最后，主修这个课题，我有三个目的：一是为新时代中小学校长创建

序一

一门关于高品质学校建设的完整课程，它既有较高的理论性，又有较强的实践指导性；二是通过组织研修，帮助校长与教师丰富基础理论，提升专业认知、实践技能，能够拓展教育资源；三是由工作室组织建立高品质学校的线下联盟，在导师的理论指引下，大家通过实践探索找到学校高品质发展的合适路径、方法和策略。

2022年4月到11月，我工作室组织开展了"高品质学校建设"主题研修活动，以"学校展示+导师授课+在线交流"的方式在线上开展，每个专题由入室学员轮流主持。授课前，先由学员做本校的办学成果展示汇报，再由理论导师刘建强副教授主讲，分道、法、术、器四大板块，共十二个专题，全面讲述了高品质学校建设的基本原理与方略，并介绍名优学校的成长案例，最后进行线上互动、线上答疑。课程研修结束后还组织学员以论坛方式分享学习心得，展示实践成果。

参与研修的有工作室全体入室学员、网络学员及所在学校干部。国内有重庆、贵州玉屏等地，省内有揭阳、梅州、肇庆、河源、韶关、东莞等地的有关结对学校、联盟学校，本工作室学员中的市名校长工作室主持人所在学校的干部、本校教育集团学校全体干部，还有广州的番禺与增城、梅州的五华与大埔、珠海的金湾、惠州的惠城区等地的个别小学校长。参与本主题研修的有80多所学校，超过1.5万人次，产生了良好的辐射带动作用。有很多校长邀请导师和工作室主持人到学校进行现场指导，也有校长用学到的理论指导其学校实践，短时间内取得了非常明显的效果。

本书的出版，必将大大激励本人及众多学员以更高的热情、更积极的姿态继续深入研修，争取早日办成更具品牌效应的高品质学校，为广东基础教育的高质量发展尽一份绵薄之力！

戴彦勋

2022年12月9日

序二

推动学校的高品质建设，是用实际行动回答"培养什么人、怎样培养人、为谁培养人"的根本问题。探索高品质学校建设的实现路径，是探索如何为党育人、为国育才的重点和热点，是未来学校的共同追求，也是推动高品质教育体系背景下学校发展的新命题。

从国内关于高品质学校建设的研究和实践经验来看，华东师范大学叶澜教授团队主持的新基础教育改革实验很值得追捧。新基础教育改革实验坚持理论与实践变革紧密结合，对学校改革明确提出并坚持"成事"与"成人"统一的原则，在"成"变革之"事"中成"人"，努力以"人"变促进"事"变，在一定程度上创造了校本研究与校本培训紧密结合、推进校本发展的新经验。近年来四川省高品质学校建设的经验显示，高品质学校有"高品位"和"高质量"两个核心要素："高品位，是遵循规律，真正把立德树人作为根本任务。高质量，是培育人才质量高，五育并举，低负高效。"高品质学校建设，是学校强化自己的主体性和能动性，紧密结合自身特点，开展校本化的实践、校本化的创造，探索一条适合当前学校发展的、与社会发展契合度高的教育高质量发展有效路径，实现学校办学品位、教育教学质量提升，帮助学生"扣好人生第一粒扣子"，为每一位学生的终身幸福奠定基础。

我们认为，高品质学校的建设是全面贯彻党的教育方针，把立德树人作为学校工作的根本，着力培养德智体美劳全面发展的社会主义建设者和接班人。高品质学校不仅要有"高品位"和"高质量"，还应包括管理的"高效率"和教育环境的"高颜值"。"高效率"是以激发师生的潜能为目标，构建符合学段特点的管理组织结构，顺畅教育教学管理流程，实现"成事成人"的良好效果。"高颜值"是吸引师生学习、生活的和谐、优美校园环境，有助于构建学生一生难忘的"学园、乐园、家园"，是培育学校精神、形成母校意识的不可或缺的重要因素。但是，高品质学校建设是一个长期的建设过程，由于学校发展的历史阶段、文化积淀、地域文化等差异，学校办学思想、愿景、治理策略等不同，以及校长个人的素质和任期更迭原因，高品质学校的建设有可供参考的经验，但没有相对固定的模式。

如何建设高品质学校，我们可以结合中华传统文化和现代管理思想，形成具有中国特色的可行路径。"道法术器"是老子《道德经》的精髓思想。"道"是核心思想、理念、本质规律。"法"是方法、法理、原则、思路、方针、路径等。"术"是具体的行为、方式，是技术层面的手段。"器"是工具，是指有形的物质或是有形的工具，往往是实在的、看得见摸得着的。"道法术器"的思想源远流长、经久不衰，其理论方法被广泛运用于各类组织管理领域。中国教育科学研究院基础教育研究所所长陈如平教授认为，将"道法术器"理念融入高品质学校的建设中，用老子的思想改进学校治理的方式方法，有助于加快学校治理体系和治理能力的现代化。我们认为，建设高品质学校需要系统思考，形成一种结构化思维，借用"道法术器"的思想是一种很好的选择。"办学之道"是指根据教育的基本规律、时代要求和学校发展的基本规律确立办学的方向、愿景、目标和办学理念;"办学之法"是指有效运转的体制机制,包括组织架构、管理体系和规章制度;"办学之术"是指做事的方法、技能的优势、用人之术;"办学之器"是指有形的工具和载体,即学校环境、发展平台、核心项目等。学校的发展有自身的规律,既要有科学的教育思想、先进的办学理念,也要清楚学校所处的位置及办学条件,培育好独特的学校文化,营造良好的育人环境,才能更好地培养高质量人才、建设高水平团队,助力高质量教育体系的构建。

基于对"道法术器"的粗浅理解,结合笔者15年的小学校长、名校长工作室主持人经历和大学教师的从教心得,围绕高品质学校建设主题,我们将其分为"建设之道""建设之法""建设之术""建设之器"四个模块。通过理念体系、行动计划、教育诊断、组织结构、制度建设、目标管理、优师培养、教育技术、教育研究、课程建设、评价机制、环境优化十二个专题与广东省中小学名校长戴彦勋工作室、东莞市中小学名校长刘雄山等十二个工作室学员(含工作室的网络学员)、广东第二师范学院揭阳市榕城教育实验区项目学校、广东第二师范学院各附属小学进行探讨。全程通过网络授课的形式,阐释高品质学校建设的理论,分析建设的价值,介绍建设思路和名优学校的办学经验。帮助参训校长建构高品质学校建设的基本理论体系和办学治校的思维模式,助推参训校长找到建设高品质学校的可行路径,在实践中提升管理效率和教学质量,优化育人环境,提升学校品位,竭尽全力办好人民满意的教育。

《高品质学校建设十二讲》是广东省哲学社会科学"十三五"规划2020年度学科共建项目"基于协同理论的乡村学校改进实证研究"(批准号:GD20XJY21)实践成果之一,广东省重点学科建设科研能力提升工程项目"义务教育学生综合素质评价的校本策略研究"(课题编号:2021ZDJS054)阶段性成果。专题分享为乡村学校管理者提供了较为系统的学校改进基本理论和参考案例，有力地推动了项目学校的整体改进和区域乡村教育的振兴。

由于笔者的理论水平、政策解读能力、实践经验所限，专题分享中难免会有所偏差或遗漏。同时，我们是首次将网络授课的语言转为文字，并汇编成册，也难免存在错漏，敬请读者理解和不吝指正。专题讲座中引用了相关专家、学者的观点，在此表示深深的感谢！

刘建强

2022 年 12 月 30 日

目　　录

专题一　高品质学校建设之"道"

第一讲　办学理念体系的构建 ………………………………… 3
　　一、顶层设计 ………………………………………………… 4
　　二、理念提炼 ………………………………………………… 8
　　三、体系构建 ………………………………………………… 16
　　四、理念实施 ………………………………………………… 20
　　五、理念评估 ………………………………………………… 25

第二讲　学校行动计划的研制与实施 ……………………… 27
　　一、基本理论 ………………………………………………… 27
　　二、核心内容 ………………………………………………… 38
　　三、行动计划需关注的问题 ………………………………… 40

四、研制与实施 ·· 43

第三讲　学校教育教学诊断 ·································· 50

　　一、学校教育诊断概述 ·································· 50

　　二、学校诊断的实施 ···································· 54

　　三、学科与教学诊断 ···································· 56

专题二　高品质学校建设之"法"

第四讲　学校组织结构变革 ·································· 73

　　一、组织结构概述 ······································ 73

　　二、学校组织重构 ······································ 81

第五讲　学校制度建设 ···································· 94

　　一、制度与学校制度 ···································· 94

　　二、现代学校制度 ······································ 99

　　三、健全学校管理制度 ·································· 109

第六讲　学校目标管理 ···································· 117

　　一、目标管理理论 ······································ 118

　　二、学校管理目标 ······································ 122

专题三　高品质学校建设之"术"

第七讲　教师成长之术 · 133

　　一、持续学习 · 134

　　二、把握时间 · 139

　　三、专业提升 · 140

　　四、提高效率 · 151

　　五、调控情绪 · 151

　　六、聪敏交往 · 154

第八讲　教育研究之术 · 156

　　一、教育研究概述 · 156

　　二、教育研究方法 · 158

　　三、教育研究思路 · 163

　　四、研究技术路线 · 167

第九讲　现代教育之术 · 174

　　一、教育的挑战和机遇 · 174

　　二、教育的创新驱动力 · 178

专题四　高品质学校建设之"器"

第十讲　校本课程建设 ··· **185**

一、课程理论概述 ··· 186

二、关于校本课程 ··· 191

三、课程建设案例 ··· 202

第十一讲　学生综合素质评价 ··· **211**

一、学生综合素质评价概述 ··· 211

二、新课标背景下的学生综合素质评价 ······························ 215

三、学生综合素质的校本评价 ·· 222

第十二讲　良好育人环境的构建 ·· **231**

一、校园环境 ··· 231

二、家庭环境 ··· 235

三、工作环境 ··· 239

四、社会环境 ··· 241

后　记 ·· **245**

专题一 高品质学校建设之"道"

第一讲　办学理念体系的构建

早在20年前,上海推出了优质学校建设项目,以打造满足儿童发展需要的课程、打造让学习真实发生的课堂教学、打造有信念的师资队伍、打造育人为本的管理为主要内容,力争办好家门口的每一所学校。然后,江苏、山东、浙江、四川等多省陆续推出"办家门口的优质学校"为主题的学校改进举措,均取得了很好的成效。

近年来,从中央到地方都把教育摆在优先发展的地位,大力实施教育强国战略,加快推进教育现代化,推动我国教育改革发展不断取得新进步,以提高教育的品质。高品质教育、高品质学校是时代发展的要求。"高品质"是一个热词,是近年来教育界研究的重点。在此大背景下,广东省中小学名校长戴彦勋工作室请我来推出"高品质学校建设"系列的专题,旨在推动教育优质均衡发展,特别是粤东粤西北以及本区域范围内的教育发展。这是极有意义的一件事情,通过系列专题的研讨、实践、分享,能为学校发展带来一定的启示。

四川省近年来推出了高品质教育主题，从其实践的过程和取得的经验来看，学校品质是质量、内涵、文化、特色、信誉度的集合体。高品质是高品位和高质量两个方面的高度融合。高品质学校主要包括品位和质量两个维度。高品位指的是学校办学的理解认识和顶层设计高度符合国家教育方针和教育政策的导向、高度符合现代教育科学的主流理念和基本规律；品位低的学校在现实中会出现规划模糊、跟风盲动、只关注优生、片面追求分数等问题。质量是指办学成果满足学生成长和社会发展需求的程度。高质量指的是学校育人的行为方式和具体实践高度吻合学校师生的生存方式和发展需求，高度吻合社会和学校自身对其改革发展的要求；质量低的学校在现实中会出现负担过重、效能过低、士气低落、发展停滞等问题。品位和质量这两个维度相辅相成，互相促进。它们之间的关系可以表达为：品质 = 品位 × 质量。

要想把一所学校办好，既需要学习先进的理论、成功的经验，又需要结合地方经济文化条件和学校的实际，从理论的高度看现在和发展中的问题，找到适合自身的建设路径。从已有的研究成果来看，高品质学校主要体现在育人的结果上，也体现在育人的过程当中，重在根据党的教育方针和新课程标准的要求，设计人的发展方式和方向，以回答"为谁培养人""培养怎样的人""怎样培养人"等新时代教育的关键问题。接下来从五个方面来分析和讨论学校文化建设中精神文化及其核心内容——办学理念的提炼与体系的构建问题。

一、顶层设计

2013年教育部颁发了《义务教育学校校长专业标准》，其中"专业理解与认知"板块，明确了校长的专业职责包括"注重学校发展的战略规划，凝聚师生智慧，建立学校发展共同目标，形成学校发展合力。尊重学校传统和学校实际，提炼学校办学理念，办出学校特色"。2017年又颁发了《中小学校领导人员管理暂行办法》，进一步提出了校长任职条件和资格：善于规划学校发展、营造育人文化、领导课程教学、引领教师成长、优化内部环境，调试外部环境。从教育部的两个文件来看，我们认为高品质学校的建设需要做好顶层设计，而顶层设计的关键在于核心理念的提炼。那么，什么是核心理念？核心理念就是包括教育思想、办学愿景、校训等方面的价值取向。学校应该始终聚焦在习近平总书记在中国人民大学考察时提出的"为谁培养人、培养什么人、怎样培养人"的根本问题，以及教育部2019年以来所颁发的各种政策及指导性文件上，落实好"立德树人、五育并举"这一根本任务，引导每一所学校全面实施素质教育，致力于高品质学校建设的愿景导向和完整框架意识的结构性变革。通过教书育人，充分挖掘、提升教师、校长的生命价值，这是高品质学校建设的根本使命。

（一）系统思考

顶层设计首先要根据学校发展的各个项目、各个层次和各个要素来追根溯源，统揽全局，在最高层次上寻求问题的解决之道。从层次上来看，最顶层是育人意义，包括培养什么样的人——培养目标、怎样培养这样的人——育人理念；次顶层是办学意义，包括办什么样的学校——办学目标、怎样办好学校——办学理念；局部意义上的顶层包括课程、课堂、德育、队伍建设、组织建设等方面的内容。从这些层次和要素来看，它始于高端的学校发展的总体构想，是一种系统思考。它有利于指引、推进学校的特色品牌建设，彰显优势与特点，体现整体关联，保持稳定性，着眼于长期性，从而实现学校特色建设的可持续发展，使学校的特色发展之路走得更好、更快、更顺畅。

（二）文化分析

学校文化常被喻为一所学校的"根"与"魂"。学校文化是一所学校的精神生命和灵魂，是学校办学理念、办学目标、学校精神、制度规范和行为方式的综合体现。学校文化体现了一所学校所承载的精神气质和文化理想，它以价值观为核心，通过人的生活方式、言语、观念、行为、制度和环境布置等有形和无形的方式表现出来。学校文化包含两个方面的内容：一是学校自身价值观、制度、课程等精神层面的内容，称为内隐性文化；二是学校文化的有形载体与具体反映，如标语、书画、雕塑、展示栏等，称为外显性文化。学校文化就是"我们做事情的方式"，它无时不在，无处不有，它对高品质学校的创建有着强大的影响力。

学校文化包括三大层面的内容，一是精神文化，二是制度文化，三是物质文化。物质文化很多时候受一个区域科技发展水平、经济发展水平等因素的影响，这些因素决定学校物质文化建设的档次。如果是公办学校，制度文化方面的建设会受到地方政策和管理机制的影响，在组织架构、制度制定、考核标准等方面相应也会受到一定的限制。而精神文化即反映校长的办学追求，包括校长的自信心、文化底蕴，以及校长在这一方面所做的努力。可以说，学校的精神文化是校长可以通过系统思考、整合优质教育资源进行培育的。校长必须思考"我们从哪里来，要到哪里去"的问题，这样能使办学的目标更加清晰，信心更加足，策略更加有效，最后所达到的效果更加明显。

学校的核心理念是渗透于教育教学行为与学校各项管理工作中的最高价值标准，是学校之魂。因此，学校文化建设必须抓住一个核心主题，主题下面分成精神力系统、执行力系统和形象力系统。精神力系统包括核心理念、学校形象、办学目标、培养目标、学校精神、一训三风、教育信条、师生誓词。执行力系统包括学校章程、发展规划、治理结构、办学方略、学校制度、办学特色、校本仪式、校本礼仪、学校评价、师生手册。形象力系统包括视觉识别、听觉识别、环境识别和媒介识别。

（三）理清思路

我们可以根据四川师范大学李松林教授提供的思路对理念体系进行梳理。

一是清理地基，包括文化之根、现实基础和发展愿景。以东莞市东城第一小学为例，该学校处在城乡接合部之间，有80多年的办学历史，留下的厚重办学文化、良好办学传统、优秀教风学风都是值得发扬和传承的。现实是此岸，目标是彼岸。根据学校目前的情况，结合新时代、新要求、新条件、新环境以及小学生身心发展的特点，理清"培养什么样的人""办什么样的学校"的思路。在合适的时间、合适的地点、合适的条件下提出学校发展愿景，设定新的发展目标。

二是撑起顶层，是指核心理念和育人目标。东莞市东城第一小学结合办学的历史文化，现时的"立德树人""五育并举""双减"等政策导向，提出"适性扬长"的办学理念，将"夯实核心素养，培养有仁爱之心、有强健体魄、有奋进精神的时代新人"作为育人目标。

三是搭建支柱，包括课程结构和教学特色。课程结构指课程各部分的组织和配合，是课程目标转化为教育成果的纽带，是课程活动顺利开展的依据。教学特色是一种育人文化，是本校教师群体在教学艺术、教学品质与教学质量方面体现出来的稳定状态。因此，面对"办什么样的学校""培养什么样的人"的问题，东莞市东城第一小学建构了"适性扬长"课程体系及"人文价值教育"教学特色，以支撑办学理念。

四是修建门窗，指特色课程的布局与选点。它需要结合学校条件、地方资源和教师特长，思考学校可以开发或整合、实践并能长期坚持下来的校本课程，最终用课程支撑"培养什么样的人""办什么样的学校"的办学理念。

五是构筑护栏，指以教师发展为核心的资源建设与制度设计。为教师的学习、研究、展示搭建平台，制订有助于挖掘教师潜能、激发教师主观能动性的制度。教师凝聚力和成长力是办学理念落地生根、开花结果的关键。

理念和特色，一个是里一个是表，或者说一个是应然一个是实然。办一所理想的学校，必须通过理念、课程、教学、管理、教研和评价等要素协调统一才能实现。对于乡村学校而言，优质的乡村教育资源是落实乡村教育理念的重要支撑。乡村学校需要把乡土文化中的优秀教育资源以及传统文化、传统美德结合起来，因地制宜地开发乡土特色课程，学习"乡土教法"，以更好地凸显乡村教育特色。

一所学校的文化系统建构，包括办学理念、校训、校风、学风、教风、制度文化、师生文化等方面。学校管理层对于物质文化、行为文化和精神文化的规划与建设，能够反映出这所学校办学的境界与品位。

二、理念提炼

（一）办学理念概述

办学理念是学校战略发展的指针，是教育教学与管理经营的规范，是形象塑造的依据，是学校文化建设的最高纲领。它的价值在于指导和规范办学活动。办学理念是学校新文化得以建立、传承和持续发挥动力的根本，它便于定位和定向。"定位"与"定向"的双重叠加，是构成办学理念的基本内容。"定位"表现为确定学校发展的时空方位，确定学校错位发展的基本方略，体现自身独到的办学特色，包括目标定位、类型定位、层次定位、学科专业定位和服务面向定位；"定向"表现为明确学校发展的目标，描绘学校发展的未来愿景，引导学校向预定的方向迈进。所以，办学理念有着强烈的现实指向。可以说，办学理念是用来落实的，是学校实现成功办学的思想遵循。

办学理念是办学的设计与规划，不仅要引领教师和学校发展，最重要的是让校长的办学思路变得更加清晰、更有逻辑，工作更有条理。从这个意义上讲，把所有的办学内容装进一个合乎逻辑的体系里，让办学目标更加清晰，行为更加规范，这是至关重要的。

办学理念的提炼，需要厘清办学理念"是什么，为什么，怎么做"三个基本问题。校长要清晰地表达出办学理念"是什么"。有所学校提出：为每一个孩子的健康成长奠基。这是办学理念中最基本、最核心的东西，它体现了育人价值观。把学校办成什么样——学园、乐园、家园？这是校长需要认真思考的问题。校长也要清晰地表达出"为什么"有这样的办学理念，以及"怎么做"才能践行这个理念。在办学理念的引领下，应该把学校各个部门、各个项目、各阶段的发展等，系统地归纳在一个框架里，明确"从哪里来，要到哪里去"。

（二）提炼办学理念的目的

提炼办学理念就像把一颗颗美丽的珍珠穿成一串项链，有线条、有支撑、有框架，是顶层设计下的规划与实施。因此，提炼办学理念的目的，在于明确学校的办学指导思想、目标定位、发展思路，确定教育教学改革的重点和方向，设计并组织实施各项教育教学活动，使学校运行成为践行办学理念的过程，避免办学的盲目性。学校文化的积淀，是以办学理念为辐射源，通过有效延伸，在实践的基础上形成校训、校风、教风、学风等。

校长需要将办学理念转化为支配学校运行的价值取向和行为定式，使办学实践在办学理念的引领下沿着正确的方向发展。

确定办学理念的目的，在于建立师生的文化自觉意识和文化思维方式，进一步明确学校发展的核心价值、基本方向、整体思路、重点任务、群体风尚等。创新学校文化建设的内容，规范学校文化建设的模式，全面系统、积极稳妥地推进学校文化的改革完善，努力构建具有校本特色的学校文化体系，才能真正实现文化立校、文化强校。

（三）办学理念的功能和特点

办学理念的功能，对内是学校一切人、事、物得以运转的精神指引和行动蓝图，对外则是学校的形象标识，直接关涉社会对学校的印象。办学理念的特点，一是理念来源必须尊重教育规律，符合学校学生的实际；二是理念的生成是基于系统思考，逻辑清晰自洽；三是理念的表达需做到易诵易记，有独特性。

办学理念不是一个口号，不是一个概念，不是一个教育政策，不是一种教育模式，而是沉淀了学校的历史传统，反映了学校的社区背景，是凝聚了学校校长和广大教师共同愿景的一整套教育思想体系的结晶。

办学理念具有哲学属性、教育属性、心理属性和社会属性。哲学属性是价值取向和事实取向，告诉我们是不是、对不对、好不好、能不能；教育属性是指为学生的健康发展提供良好的环境；心理属性是要遵循学生身心发展规律，办学理念要符合学段特点；社会属性是指教育是通过培养人来为社会提供服务的。

（四）提炼办学理念的原则

一般是用精练、鲜明、生动的词语，严密的逻辑结构，将指向明确、丰富而深刻的内涵表达出来，使之具有启发性和引导性。不同学校因实际情况不同，办学理念的表达是多元的，可以有各自的切入点和侧重点。但是必须遵循学校的特点，突出基础性，强调以人为本，体现教育方针的要求，反映时代精神。

（五）提炼办学理念的途径

办学理念是一个关于"培养什么人""怎样培养人"的结构清晰、逻辑连贯、层次分明的体系。办学理念的归纳与提炼可以从六个方面考虑：一是从校名意蕴演绎，二是根据发展契机确立，三是从办学特色升华，四是从学校属性聚焦，五是从历史传统凝练，六是从地域文化生发。比如从办学特色中升华，学校不管是公办的还是民办的，是城市的还是农村的，或者城乡接合部的，都可以从办学的特色中升华。当然，并非任何一个学校都有特色，但是都有自己的强项，特色跟强项并非完全等同，但是有一定的关系，学校强项完全可以上升为学校特色，学校特色也可以形成学校强项。办学理念与办学特色之间是应然和实然的关系。不管是新的学校还是发展中的学校，随着时代的发展、教育教学设施设备更新换代、教师队伍发展壮大，校长们要不断地去追问，现在的办学理念是不是符合时代的发展，是不是能让社会接受，是不是能够让广大师生从中得益。又比如，从学校的名称中提取、提炼办学理念，解释时必须运用教育哲学和实践哲学的思想，理清并明确"培养什么样的人""办什么样的学校"。

（六）常见概念

在梳理办学理念体系的过程中，经常会遇到概念界定的问题，如什么是教育理念，什么是办学思想，什么是学校使命，什么是办学宗旨，等等。为了使大家能够理清楚理念体系中的每一个概念，以便更科学地构建本校的办学理念体系，我们要抓住关键性的东西，比如从核心理念中衍生出办学目标、校风、教风、学风等。需要指出的是，并非将所有概念都写进学校办学理念体系中，将关键性的概念表述清楚，并合乎逻辑就可以了，其他的都可以在实践中总结、提炼出来。

1. 教育理念

教育理念，是指学校教育者必须遵从的、从事教育教学活动的基本价值取向。比如，北京第二实验小学提出"以爱育爱"这一教育理念，其目的就是鼓励师生做最好的自己。这是一种很好的教育理念，既体现教育的本质，又符合教育的目的性。我们可以从中吸取营养，思考本校的教育理念。

2. 办学思想

办学思想是指学校办学者依据国家教育方针、当前社会需要以及学校办学实践所形成的有关如何办学育人的思想体系。它是一种思考方式，是学校对自身以及未来发展的一种系统性思考。可见，办学思想是学校各项活动必须遵循的大方向和总体要求，无论是学校文化建设、师资队伍建设，还是课程开发、教学资源配置等，无不需要以办学思想为指导。

3. 学校使命

学校使命是关于学校为什么而存在的问题，即学校活动的价值何在。学校不仅承担着为社会培养人才的功能，而且其活动涉及更广泛的社会、道德意义，对人类的进步负有使命和责任。

4. 办学宗旨

办学宗旨是学校办学的主要目的、意图和理念。办学宗旨为全体师生树立了一个共同为之奋斗的价值标准，为学校确定发展目标、进行制度管理、制定政策、有效利用资源提供了方向性指导。它跟学校使命有相同之处。

5. 学校愿景

愿景说到底就是一种愿力——愿意相信未来。愿景不是直接由领导发出，也不是来源于学校的正规计划。官方的愿景即使无比正确，也难以激发教师的热情活力和奉献精神。愿景是通过分享、辩论、质疑而逐渐明晰并深入人心的。愿景可以来自领导，也可以来自一些普通的个人，还可能从许多不同层面的人的相互交往中生发出来。彼德·圣吉认为，"形成愿景的过程实际上是一种特殊的探寻过程，它探寻的是大家真正想创造的未来"。学校愿景是一种全体教职员发自内心想实现的愿望或景象，概括了学校的未来目标、使命及核心价值，是办学哲学中最核心的内容，是学校最终希望实现的蓝图；它是一种意愿的表达，是一个真心渴望的目标，是一个较长期的行动计划。学校愿景具有凝心聚力的神奇力量，是学校文化的核心和灵魂，它把目前的事实、希望、梦想和机会融合在一起，从而让教职工勇敢地去创造未来。

6. 办学目标

办学目标就是"办什么样的学校""培养什么样的人"的一个总体性构想。它是学校在教育方针的指导下，根据所处地区的经济文化发展需求，结合自身设备设施、师资力量等实际情况制定的，关系学校生存和发展，带有全局性、方向性的奋斗目标。

7. 培养目标

培养目标是一切教育活动的出发点和归属，是指教育者对受教育者身心发展所提出的具体标准和要求，以及教育目的在各级各类学校教育机构的具体化，同时也是教育方针导向在具体层面的落实，如学会做人、学会求知、学会劳动、学会健身、学会审美等。揭阳市榕城区的一所民办学校叫德才学校，学校把毕业生标准挂在墙上，承诺学生在此读 6 年书，都能够达到其制定的毕业标准。这也是校长办好学校的一个郑重承诺。

8. 办学特色

办学特色是学校在长期办学实践中逐步形成的具有独特、稳定、优质等特质，并带有整体性的教学项目，是通过教育思想、教育管理、教育内容、教育方法、教学成果以及校风、教风、学风等多方面综合体现出来的办学特点。它也是校长特有的、区别于其他学校的办学意图和管理风格的体现，是学校教师队伍整体状况和教学特点的体现，也是学生个性形成及学生群体特点的综合反映，如艺术特色、体育特色、乡土特色等。

9. 办学方略

办学方略是从学校的现实形态中高度概括出来的，为提升学校的核心竞争力而着重实施的策略，如"以教育智慧打造有智慧的现代学校"。

10. 学校品牌

学校品牌是学校的文化标志，是学校信誉和质量的表征，是学校享有较高知名度与美誉度的、能充分体现综合实力的个性化战略。

11. 校训

校训既是对学校文化追求的理性抽象和认同，也是对学校人文精神的浓缩和凝结。校训是学校提出的对全体人员具有规范、警策与导向作用的行动口号，它往往是学校核心理念的具体写照，能概括出学校的整体价值追求、独特气质以及文化底蕴，蕴含师生的道德理想、学术人格和历史责任。校训是学校的灵魂，是学生记忆最深刻的话语，如清华大学的"自强不息，厚德载物"。

12. 校风

校风是一所学校各种风气的总和,是学校在办学过程中长期积淀而成的具有行为和道德意义的风气,是在校内乃至社会上具有极大影响并被普遍认可的思想和行为风尚。它有一股巨大的同化力、促进力和约束力,是一种精神力量和优良传统,它全面地反映出一个学校的精神面貌和办学水平,是学校品位和格调的重要标志之一。

13. 教风

教风即教师风范,是教师在治学态度、科学研究、教书育人等方面形成的良好风气,是教师的德与才的统一性表现,是教师整体素质的核心,是教师道德、才学、作风、素养、治教的集中反映。教风也是一个学校崇高的精神旗帜,是一个学校生存和持续发展的不竭动力之源,它对学生起到熏陶、激励和潜移默化的教育作用。

14. 学风

学风是指学生在学习过程中所彰显出来的风气,是凝聚在教与学过程中的精神动力、态度作风、方法措施等,它依不同特点的学校表现出独有的特色和丰富的内涵,并通过学校全体成员的意志与行动,逐步地形成和固化,成为一种传统和风格。

15. 学校精神

学校精神是一所学校在长期的教学、科研、生产和实践活动中经过倡导和培植逐步形成并确立起来的具有激励师生员工奋发向上、规范学校师生行为的群体意识、思维活动和心理状态,是反映学校历史文化传统、校园意志、特征面貌并赋予学校以生命活力的一种校园精神文化形态。

三、体系构建

（一）办学理念表达的三个层次

办学理念是校长对"学校为什么而存在""学校应当做什么"和"应该怎么做"等基本问题的理性思考，体现着校长对教育的理想追求及对办学过程中教与学、发展与改革、理想与现实等基本关系的价值信念。[①] 办学理念是学校文化之精神文化的核心内容，是学校文化的灵魂和统帅。办学理念是学校特色建设的基础与前提条件，它决定着学校特色建设的目标与方向，是学校特色定位的统领性的指导原则。学校特色建设的内涵与目标应与学校的办学理念相一致，才能确保特色建设方向的正确性与校本性。

办学理念是学校工作的一个灵魂，统一学校各方面的工作。有些校长为什么会那么劳累，而且工作成效很低？为什么很多人不愿意做中层干部？要思考办学理念体系的建构在实践中是不是产生了比较大的矛盾，或者没有起到作用，甚至造成学校工作的紊乱，这可能是办学理念与办学实践脱节，或是构建办学理念体系时考虑得不周全。

办学理念体系的构建，可以分成社会、教育、学校三个层次来思考和表达。从社会层次上看，办学理念应该是科学、人文、艺术、绿色等方面或者是多方面的融合。从教育层次上看，办学理念应体现生本、自主、多元、开放。教育是以人为本的活动，是把一个自然的人培养成一个社会的人，通过教育让学生能够学会自我管理、自主发展。从学校层次看，办学理念应该是尊重生命的，应体现生态、和谐、博雅、快乐、差异、成功、自主、创新、审美、智慧、整合等理念。

---

① 叶文梓. 论中小学校长的办学理念 [J]. 教育研究，2007（4）：85.

（二）理清概念关系

在建构办学理念的体系之前，要有明确的指导思想。指导思想包括三部分：第一是教育思想，第二是学校管理思想，第三是学校建设思想。比如，教育思想是"为每一个孩子的终身发展奠基"，管理思想是"激发每一个成员的内驱力"，建设思想是"提高学校的综合实力，促进学校个体与整体的协调统一"。将三个层面的意思组织成一句完整的话：根据党的教育方针，为了给每一个孩子终身发展奠基，学校通过制度建设和文化熏陶激发每一个学校成员的内驱力，使学校的人际关系、内部管理能够和谐、高效，从而提高学校的综合实力，促进个体与整体协调统一。也就是说，办学理念应当是"成事成人"。

建构办学理念是基于对办学价值观的思考，办学理念又衍生出校训、校风等，所以理念是基础、源泉。其实，校训是办学理念的一个浓缩，是实现办学愿景的工具，是学校精神的浓缩，是一种应然的状态。像清华大学的校训"自强不息，厚德载物"，是学校对每一个师生的基本要求。校风是师生员工实际上表现出来的精神风貌，即实然状态。办学理念与办学特色之间也是应然与实然的关系，是以校训为抓手将办学理念落实到位，从而实现办学特色。办学特色的彰显意味着学校实现了办学目标。

（三）办学理念的内在元素联系

学校精神是核心，彰显教育情怀。我们所讲的教育情怀，一定是尊重教育规律的，以人为本的，在实践工作中能够克服各种各样的困难，为实现成事成人目标而竭尽全力的。它是良好学校文化长期浸润的结果。学校目标是一级，体现教育追求；学校课程是二级，表明教育的支撑、理念的落实、特色的生成，唯有课程才能支撑；学校特色是三级，实施教育浸润；

学校文化是四级，抵达教育境界。

核心理念是学校教育教学与管理服务活动的最高指导思想与最根本的价值追求，是贯穿于所有办学理念、办学行为和环境建设的质的规定，是学校文化的灵魂。核心理念回答的是"理想的教育是什么、理想的学校是什么"等问题。核心理念是学校文化的内核，它是学校在长期办学实践活动中经过倡导和培植而逐步形成和确立起来的，具有激励教职员工奋发向上和规范学校办学行为的群体意识。这种群体意识是学校从上到下的全体管理者和教育者的教育信仰。

南京市教科所原副所长沈曙虹认为，核心理念是办学的"本体观"，是学校教育教学与管理服务的最高指导思想与最根本的价值追求，是贯穿于所有办学理念、办学行为和环境建设的逻辑起点和质的规定，是学校文化的灵魂。如果我们真正确立了科学的核心理念，并将其作为贯穿学校所有办学思想的红线，再辅以执行系统的完全跟进与物质形态的完美展现，使办学的理念、行为和环境建设形成完整的"价值链"，那么学校文化就必定具备鲜明的战略个性，就必然会建立起独具魅力的品牌形象，从而使学校整体文化力大大提升。甚至可以这么说，核心理念的确立，是学校文化战略建设中最核心、最重要的工作。

例如，首都师范大学附属小学提出"童心教育"理念，它是根据未来发展的愿景、使命、目标体系，形成童心文化的人、神、魂体系，通过每两年一个进步阶段（分四个阶段的重点项目）来实现的。它就是一个比较完整的顶层设计，一个很完整的思维结构。借鉴这样的思维结构，校长们也可以画一画本校的办学理念体系。

又如，宁波市鄞州区首南第一小学以"播种幸福的教育，享受教育的幸福"为办学理念，吸取了马克思主义关于人的发展、中华优秀传统文化、积极心理学以及人本主义理论的精华，进而保证学校办学理念的科学性、教育性以及合理性。再如，宁波市北仑区蔚斗小学以"张扬个性，挖掘潜能，适性成长"作为办学理念，构建"适性管理，适性课程，适性文化"三根支柱来支撑办学架构。其中，"适性课程"是从国家课程校本化、地方课程主题化、校本课程多元化三大类，以及公民社会、语言阅读、艺术审美、健康体育、科技探索等五大领域进行建构的，形成了体现办学理念要求的适性课程体系。

再看看比较完整的体系表达。珠海市斗门区白石小学的办学理念体系如下。

办学理念：耕读教育，成就美好人生

课程理念：耕读修身，润德启智

校训：一分耕耘，一分收获

校风：精耕细作，乐在其中

教风：用心耕耘，悦纳差异

学风：勤耕尚读，悟道明理

从案例来看，该校的校长抓住了重点，突出了特色，也探索出符合学校实际的文化建设之道。学校提炼并落实符合乡村学校实际的理念文化，带领师生一起创造美好的校园，而不是刻意地去追新求异。学校地处乡村，以"耕读教育，成就美好人生"为办学理念，以"耕读修身，润德启智"为课程理念，其关系是合乎逻辑的，通过课程成就学生的美好人生。耕是一种课程，读也是一种课程，通过耕读两种课程的融合，在学习与劳动中一起修身，实现在爱的教育中提升学生的思想品德、行为规范，提升学生的认知水平。办学理念与校训之间是相辅相成的，关联性特别强，逻辑性也很强，充分体现了"一分耕耘，一分收获"。再看校训与校风，二者相辅相成，虽然是"一分耕耘，一分收获"，但也要"精耕细作，乐在其中"，才能享受生活，享受学习，享受工作的乐趣，这样就相得益彰。教风和学风是校风的下级概念，教风是"用心耕耘，悦纳差异"，希望教师用心去耕耘、因材施教、有教无类，这里蕴含了教育的使命和基本原则、社会的期望，以及学生身心发展的规律。学风是"勤耕尚读，悟道明理"，希望全体学生能够辛勤读书，懂得为学为人之道。学校为什么提出"耕读教育"这个理念呢？它是结合学校的实际，因为居住在这里的人大部分是客家人，客家人以耕读作为文化传统，所以他们在这里建设自然生态、社会生态、教育生态。我认为，白石小学能够结合地理环境、风土人情对办学进行思考，很恰当地阐释了"耕"可以事稼穑，丰五谷，养家糊口，以立性命；"读"可以知诗书，达礼义，修身养性，以立高德。

学校办学理念的一般结构要素是：理念产生的背景、理念的基本内涵、理念的理论基础、落实理念的教育原则、落实理念的教育策略、理念的实施载体等。

四、理念实施

（一）做好系统设计

学校是一个学习型组织，组织的核心价值应该是理顺人际关系，激发每一个人的潜能，成就每一个人，从而成就学校。要做好系统设计，一是组织系统（组织结构及功能）设计，应根据核心理念和目标分别形成适应各自职能的理念和目标，如教学工作理念和教学工作目标、德育工作理念和德育工作目标等。各部门应形成可操作的计划、措施、步骤和方法，借此构建本部门特色、学科特色和德育特色等。二是非组织系统设计，应对现有的运行机制、激励制度、管理方式、人事制度、培训制度、选拔任用制度、保障制度等方面，展开呼应顶层要求的重新设计和调整，既要体现学校顶层要求，又要关照组织系统各部门发展需要。

（二）落实理念的载体

对于学校来说，理念的载体包括学校制度、课程体系、师生行为、标识符号、资源效用等。比如学校现行的运行机制、激励制度、管理方式、人事制度、培训制度、选拔用人制度，这是制度方面的设计。首先要厘清行政性组织和非行政性组织，然后找出办学理念体系与两种组织的功能相匹配之处。怎么样匹配呢？行政性组织负责原则性的事情，可以在"办什么样的学校""培养什么样的人"的框架下，通过制订或完善制度在教育教学中落实；非行政性组织负责有弹性的事情，通过交往、活动、氛围营造有意识地渗透。需要强调的是，学校制度建设的目的是激发人的潜能、促进人的发展，而不是把老师、学生和职工管得死死的。

就课程开发而言，有很多学校今天想到开发这样的课程，明天想到开发那样的课程，但是跟学校的办学理念又没有任何关系，不懂得根据学校的实际和时代的要求进行取舍，或者对办学理念体系进行重构，最后校长都不知道自己想办什么样的学校。从白石小学的办学理念体系中可以看到，校长引领开发的校本课程以及教学改革，充分体现了乡村学校的特色，校长亲自在稻田中、鱼塘里带头劳动和示范，是乡村教学的一种非常好的方式方法。所以，白石小学的耕读文化与办学理念是相匹配的，而且学校开展的系列活动与"耕读教育"也是相匹配的。

此外，要在办学理念的指引下来培养或改进师生的行为。有些学校将兄弟学校或者是网上下载的行动准则，一字不改地套在本校的师生身上。它既不切合自己学校的实际，也没有表达出本校要培养怎么样的学生，这样学校既不能培养出具有学校精神的人，学生将来也不会有母校意识。

（三）宣讲办学理念

办学理念的宣讲需要校长带头，干部和教师跟随。通过在不同场合、以各种形式开展的办学理念宣讲，宣讲者加深对学校"是什么"、自己该"怎么做"的讲解，有助于营造师生对办学理念的共情氛围，增强办好学校的责任感和使命感。实际上，很多学校的校长都没有清晰地表达学校的办学理念以及"一训三风"之间的关系。校长应该在各种场合讲"我想办什么样的学校，我想培养什么样的学生"，特别需要跟学校的服务对象——学生和家长进行宣讲。如果没有宣讲想办什么样的学校，要培养什么样的人，就少了一个学生和家长认识学校的渠道，而家长也没办法全面了解学校，学校想得到支持或者想整合资源，难度就可想而知。同时通过办学理念的宣讲，可以检验学校的办学理念是否正确，也可以让上一级行政主管部门的领导认可学校，支持学校。

（四）推动理念深化

对学校办学理念的解读和宣讲是校长工作的重要任务。如果校长没有带头去解读、宣讲，就没有办法形成共识。为了更好地把办学理念落到实处，还需要与各种理念的载体相结合。如果理念与相应的载体脱节，办学理念就形同虚设，就难以推动理念的深化。东莞市东城第一小学在"适性扬长"的办学理念下，用人文价值教育作为抓手，引导教师解读并提炼自己的教学主张。老师们不但要阐释自己的教学主张，还要用课堂教学来演绎理念和主张，用教学成果来证明其成效与得失。教师不但要在本校讲，还要在不同的学校讲，让兄弟学校了解自己学校的办学理念的同时，还可以加深教师对办学理念以及自己教学主张的理解。更重要的是，根据办学理念开发校本课程，建设学科特色，能把学校的发展与学科特色的建设、教师的成长紧密联系在一起，让教师推进办学理念的深化、改进，从而提升学校的办学品位。

（五）理念的创意表达

1. 善用节日文化

从以中国传统节日为主题的课程开发做起，凸显民族文化，培育学生的文化认同感。融合学校的传统活动，如开学仪式、入队仪式、期末或毕业庆典、艺术节、科技节、体育节等学校生活中的重大日子，进行全方位设计，系统策划，生动演绎，使之成为学生生命成长的重要时刻，形成学校特有的节日文化。

2. 创设学校节日

苏霍姆林斯基在帕夫雷什中学工作期间为学生创设了许多的节日，如按照自然生活设立学校的各种节日，有春天的歌节、花节、鸟节，秋天的首捆庄稼节、果园节，冬天的新年松树游艺节、堆砌雪城节；按照学校生活实际，有开学第一天的首次铃声节、毕业时的毕业铃声节；甚至还专门设立了女孩节。学校也可以设立自己独特的节日，如开学日、师生日、毕业日、阅读节，以及生发于区域、学校、班级的有特殊意义的节日。

3. 在国家课程实施过程中二次开发和拓展延伸

每一项课程的启动一定要安排仪式，结束一定要安排庆典。基于我国基础教育的特点，仪式和庆典在一定程度上软化和缓解了诸多硬指标给师生带来的压力，让他们享受了教和学的快乐。东莞市东城第一小学推动人文价值教育［国际人文价值教育提出的真理、善行（良好品德）、宁静（和平）、仁爱、非暴力五大基本理念］与小学课程的融合，对国家课程进行二次开发，即把每一个学科蕴含在教材当中的人文价值教育的因子提炼出

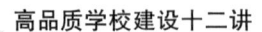

来,并在提炼的过程中不断强化,以突出教师的教学特色、学科建设的特色。通过几年的实践探索,老师们提炼了自己的教学主张,形成了自己的教学风格,学科有了自己的特色,并凸显了"适性扬长"的教育理念。

4. 积极鼓励教师以教室为阵地

积极鼓励教师以教室为阵地,与学生共同体验更加丰富的班级生活,让教室成为美好事物的聚集地。我做校长时,就引导和鼓励老师讲学校榜样的故事,学生讲校园美好的故事。通过讲优秀校友、教师、学生的杰出贡献、感人事迹,把他们在践行办学理念过程中的杰出表现,或者取得的重大成果,口口相传、代代相传。这样才能真正把我们的办学理念落到实处,得到大家的认可。学校的办学理念真正落实在教育教学过程当中,能影响、教化师生。今天培养了学校精神,今后才有母校意识。因此,学校可以尝试在班级或者全校范围内讲故事,或者以班级、年级为单位开展讲故事比赛。

5. 开展办学理念论坛

北京第二实验小学每学期都会举办数次"以爱育爱大家谈"活动,比如将"以爱育爱"办学理念作为每年度"青年教师'凌空杯'比赛"的内容。我在东城第一小学担任校长的时候,也以"人文价值教育杯"为主题举行过很多次形式多样的师生比赛和各类活动,虽然这只是一个命名比赛和互动,但是我是用它来落实学校的办学理念,经过若干年的渗透和氛围的营造,能够看得出它形成了一个初步的模型。需要强调的是,不是说理念就是特色,而是通过理念的引领来表现和实现特色。

(六)以制度和评价为导向

任何一种制度都蕴含某一种理念。理念是制度的先导,制度是理念的保障。没有相应的制度保障，理念永远只是理念。评价标准直接体现出学校的价值观，评价的尺度是引领师生前进发展的方向。科学的评价机制，既能成全师生成长，同时也能成就学校的发展，最终实现办学愿景。

（七）办学理念文本的结构

办学理念的文本结构，需要把理念产生的背景、理念的基本内涵、理念的理论基础、落实理念的教育原则、落实理念的教育策略、理念的实施载体、理念的保障措施等一系列的要点写清楚。起草完成后要进行专门的研讨。同时，邀请教育主管部门的领导以及教育专家来对办学理念的文本进行审核，并在实施阶段不断检验，待发现问题时，学校要及时进行修订。

五、理念评估

完整、成熟的办学理念体系，要经过设计、提炼、构建、实施，最后要进行专业评估。评估是对与办学工作相关的人和事物进行评价的社会活动。学校办学理念是否具有科学性，是否适用于本校，是否对学校起到引领作用，最终还要靠实践的检验。要适时地研究学校办学理念反映教育核心价值观和教育教学本质、规律的程度，研究其对本校发展所产生的实际影响、实践效果。如果认为有必要，应当适时对办学理念进行修订。闫德明教授认为：评价一所学校的办学理念体系或者是某个要素，不能简单地从"是与非""好与坏""对与错"这些方面下结论，而是要综合地考虑各方面的因素。考察学校的办学理念，着重看三方面：一是先进性，二是可接受性，三是可行性。先进性是指紧跟时代发展的节拍，用现代教育理念引领和指导，为人的持续发展提供支撑，提供动力。可接受性是指从办学积淀的深厚沃土中吸收丰富的营养，被学校的师生、员工、社区、家长所认识，所接纳。可行性是指办学理念要落实在具体的教育行为上，要重视把办学理念转化为可操作的工作机制和管理流程。

办学理念的评估，主要根据国家和地方的教育法律法规、政府的方针政策、教育发展的方向以及学校内涵发展的要义，召集各方面利益代表，采用听汇报、问卷调查、访谈、现场观察、查阅资料等方式，对照评估要素等进行评估。主要考察以下内容：管理体系中是否体现理念；教育教学实践中是否落实理念；学校特色是否依据理念；主体行为是否体现理念；办学声誉是否印证理念。最后汇总各方面的情况，检验办学理念能不能继续，或者是否需要修订，或者办学理念本身没有问题，但是学校的落实有问题。针对这些问题，专家都需要给出一个改进的方案。

办学理念的提炼和体系的构建，确实是一个比较复杂的动态的过程，它既是校长专业能力提升的过程，也是学校内涵不断充实和持续完善的过程，更是一个引领学校文化建设，不断改进发展提升的过程。在此过程中，校长提炼出先进的办学理念，对内是凝聚力、向心力，对外就是核心竞争力和品牌。

办学理念体系的建构，有顶层设计、理念提炼、体系构建、理念实施和理念评估五项任务，是一系列理论学习、系统思考和实践行动的研修过程。

第二讲　学校行动计划的研制与实施

2022年4月，我国的新课程标准又进入了一个新的阶段，学校如何重新瞄准目标、修正路线迫在眉睫。近年来，国家颁布了很多与校长岗位相关的政策文件，直接考核校长的文件有《中小学校领导人员管理暂行办法》《关于开展中小学幼儿园校（园）长任期结束综合督导评估工作的意见》等。校长有没有任期目标，有没有行动计划，直接影响到校长任期结束时，能否拿出像样的业绩，能否给社会、上一级教育主管部门，特别是给师生和家长一个交代，是一个至关重要的问题。从高品质学校建设的工作来看，校长如何担起自己肩上的责任以及对教育的使命，在校长岗位上是否做出了一些对得起群众、对得起领导、对得起家长和学生信任的成绩，也是校长应该去思考的重要问题。

在我看来，计划要有目标意识、方法意识，还要有研究意识和成果意识。具备这四种意识，学校行动计划就能顺利地实现。

一、基本理论

我们常常见到，一些学校制订计划、落实工作都缺乏理论的指导，大多是即兴拍脑袋，想到什么就是什么，想干什么就干什么。这样做没有连贯性和系统性，会与学校的办学理念和"十四五"发展规划产生一定的矛盾。我们国家的发展、教育的发展，走的是一条规划建设之路，"规划"体现了对美好未来的设计和追求，"建设"反映了具体实施、实现蓝图的实干精神。做计划都是为了解决四个问题：一是明确工作目标；二是确定为达到目标的行动的时序；三是确定行动所需的资源比例；四是确定紧急预案。这四个问题是学校制订行动计划的最基本的要素。学校发展规划就是在办学思想的指导下，根据办学理念，思考具体做哪些事情才能体现办学特色、实现办学目标。我们还要清楚理念与特色之间是理想与现实之间的关系。

学校发展规划要根据学校的办学理念来进行系统的分析。首先是学校的定位，学校定好位，然后再定向。定向也意味着学校的发展有一个明确的方向，它所展示的结果是学校的个性，从定位到定向的全面描述就是发展规划的基本蓝图。其实，部分校长在日常工作中，经常把办学理念放在一边，即落实工作、总结问题时，忘记我们来时的路，忘记了学校的办学理念。办学理念不是一句口号，不是一个教育政策，不是一种教育模式，而是沉淀于学校的历史传统，反映学校的社区背景以及校长和广大师生共同愿景的教育思想体系。办学理念必须表明学校的价值追求，并以此来指导学校规划的制订和具体的实践，我们不能忘记办学理念这个"初心"。

（一）规划与计划

我们思考问题或做具体事情的时候，要重点关注它"是什么"，这是本质的分析。如果连它"是什么"都没有搞清楚，我们可能就会做错，或者是走很多弯路，因此做事时要厘清"是什么"。比如规划，它是个人或组织为实现其目标、策略、政策而制订的比较全面长远的发展计划，是对未来整体性、长期性、基本性的问题的思考和考量，而设计的未来整套行动的方案。规划也是计划的一种，在我们国家，时间跨度5年以上的计划一般叫作规划，如《国家中长期教育改革和发展规划纲要》就是国家制定的从2010年到2020年的教育规划，2019年印发的《中国教育现代化2035》，是跨度为15年的中国教育发展蓝图。三年以下的一般直接叫作计划，比如三年行动计划、年度工作计划。

我们要讨论的是三年行动计划。学校行动计划是指一所学校逐步发展的一个程序，该程序详细阐述使用现有资源的明确活动，其资源能够满足一所学校的发展的需要。一份有效的计划，包括目标、行动、成果三个最基本的元素。目标是方向，是行动的指南针；行动是有效达到目标的行为，是目标和成果之间的转换器；成果是行动所产生的结果，是检视目标的一个标志。我们制订或者实施行动计划的目的，就是要发现问题、提出问题、分析问题、解决问题，最终推动学校发展。解决问题需要开展一系列的研究和实践，需要在研究中行动、行动中研究。行动研究就是实践者为了改进工作质量，将研究者和实践者、研究过程与实践过程相结合，在现实情境中通过自主的反思性探索，解决实际问题的一种研究活动。学校的行动计划需要从研究的角度看发展的问题，弄清楚是什么、为什么、怎么做。

（二）行动计划的本质

学校行动计划，是一种内涵式学校发展计划，也称学校改进计划。它是指学校在自身现有的条件下，利用学校内部的资源和潜在资源，通过各种途径深入挖掘学校内部的发展潜力和发展机制，使学校内部迸发出勃勃生机，从而推动学校持续发展。所谓潜在的资源指的是校长或者是政府能够帮我们整合的社会资源、文化资源、科技资源以及乡土资源。

学校行动计划，它本质上也是一种部门协同、上下联动的工作机制。

它是在共同目标的引领、指引下，学校内部资源开放与共享，各部门、各层级协同创新，追求和创造共同价值。

学校行动计划是为了完成目标而制订的一系列路径和方法，包括任务驱动、责任划分、学习培训、成果提炼、绩效考核等。比如学校现在有哪些具体的任务，包括学校现在面临的或者是曾经经历的防疫、防溺水、交通安全教育等，这些都是具体的任务。在实际操作过程中，需要划分责任，当然，责任划分之后，并不是某个干部或者是校长就能独立把所有的事情都完成，而是要建立团队，通过学习、培训、做预案等工作，在培训中反思、实践，最后总结成学校的成功经验，提炼出工作的最优模式，或者是教学成果、管理成果，以此来施行绩效考核。

行动计划的执行者，也是行动研究者。需要在行动中研究，在研究中行动，通过计划、行动、观察和反思四个循环完成目标任务。很多校长都曾有过去国内外很多名校学习、观摩的经历，觉得他们的教育教学模式特别好，但是回来拿到自己的学校一用就发现效果天差地别。这是为什么？因为这些校长没有具体研究它的背景和学校自身的现实问题。学校行动计划和实践，缺少了研究这个环节，导致学校没有基于别人的成功经验探索出适合本校的方法、措施，或者是摸索出学校自身发展的可行性方案。因此，学校行动计划，需要在行动中研究，在研究中优化。

（三）基本特点

学校行动计划有四个基本的特点。

第一是引领性。学校办学理念是学校行动计划的根基，它要求学校成员对学校进行系统思考，通过不断地反思和学习，对学校发展进行理性的分析，并在此基础上对学校今后的目标定位、发展内容、发展策略、保障制度、监督措施等进行统筹规划。学校行动计划要承接办学理念，理念引领学校的整体行动,同时学校行动也要不断更新、优化学校的办学理念。

第二是可操作性。学校行动计划是学校在对自身进行诊断的基础上,根据学校发展的目标要求,设计、实施计划,最终对计划进行评价,这是一个循环的过程,要求计划的内容切实可行、便于操作,并在实施中不断修正、完善,从而有效地提高学校管理水平和教育效能[1]。教育教学诊断对于学校研制行动计划是很有必要的前期工作,如果没有通过教育教学的诊断,就很难发现学校存在的问题,也没有办法提出问题,或者是确定了学校的行动目标,但是没有确定具体的问题就制订不了具体的措施。总之,三年行动计划一定是可操作的,在实施当中根据变化进一步研究、修正和完善,从而有效地提高管理水平和效率。

第三是协同性。学校行动计划不是校长一个人制订的,也不是办公室主任制订的,或某个部门某个写手写出来的,而是整个学校的共同行动。它是上下左右协同的一个过程,需要把学校共同体的各种力量凝聚在一起共同勾勒。在办学理念框架下,进一步清晰学校发展的使命、愿景和目标,引领师生员工共同完成学校发展的大业。

第四是独特性。在我遇到的校长当中,有些校长把外校的发展规划或者是计划拿过来,稍微改一点就变成了自己的东西。这种做法很难办出学校个性,也很难铸造学校品牌。在研制学校行动计划的时候,可以参考名优学校的表达方式和文本格式,但尽量不要照抄照套外校的内容。在学校行动计划的制订中,既要挖掘和发展学校已有的特色资源,也要对学校未来的特色建设做出系统设计,并以该行动计划的实施来促进学校特色的形成与彰显。

学校行动计划,一定是成文,也是成行、成人和成事的统一。我们既

---

[1] 陈建华. 作为发展过程的学校发展规划[J]. 教育发展研究, 2004(11): 14–17.

要有文本，又能实实在在地改进学校的行动，在培养人中担负起使命与责任，这样才能成就学生、成就教师、成就我们的学校和教育事业。

（四）基本原则

学校发展的行动计划应遵循"SMART"标准的原则，它是美国管理学大师彼得·德鲁克（Peter F. Drucker）在其著作《管理的实践》中提出的。即 specific（明确的）、measurable（可量化的）、attainable（可实现的）、relevant（相关联的）、time-bound（有时限的）。学校制订计划的时候需要考虑什么？制订计划的要求是什么？它有哪些基本的内容，有哪些理论的指引，有哪些方法可以实现？遵照一定的原则写出来的行动计划才切合学校的实际，才能解决学校实际存在的问题。

管理大师德鲁克的相关管理学著作，特别是《当校长遇见德鲁克——冰山下的领导力》一书，很多工作室的校长学员都进行了研读，也写了心得体会，知道德鲁克的管理理念对学校管理者来讲，确确实实具有指导意义。

德鲁克的管理原则一是强调具体明确的表达所要达到的最终状态（效果）或者所要达成的标准，有明确的目标与清晰的计划，不能含糊其词、模棱两可。一般情况下，质量标准是学校制订发展规划或者行动计划时最缺少的。我们不仅清楚要做什么，而且清楚要做到什么程度，这要求学校里的每一个人都必须遵守学校的工作标准。我们需要反思一下，学校现有各类计划中的具体任务有没有相关要求或标准，如校长工作的标准、干部或者部门工作的标准、老师对学生的基本要求？如果没有明确标准或要求，说明学校计划很难达到预期的目的。

二是要制订总体战略目标或者特定阶段的分目标。总目标也应当是实实在在可以衡量或者是度量的，避免言之无物。分目标也叫具体目标，有助于后期的学校工作绩效评估、评价和确认目标是否得以实现。学校经常评价老师任教班级的平均分、合格率、优生率，故给出了很明确的一系列指标。但是对于学校发展的三年行动计划，或者是校长对学校改进的判断，是基于什么样的数据，或者基于什么样的写实性的资料来判断，若缺少一定标准那就很难做判断。如果校长对教职工要求特别严，而对自己却要求特别宽，工作上没有可以判断或者确认的东西，那么最终还是稀里糊涂、不了了之。

三是目标（或指标）必须是可行的，通过努力可以达到或者实现的，就是"跳一跳够得着"，避免设立过高或者过低的目标。

四是强调当前计划与总体计划、此计划与彼计划、当前目标与最终目标、小目标与大目标的关系，就是局部与局部的关系、局部与全局的关系问题，确保它们形成正向的关联。管理学上有一个著名的 PDCA 循环，又称为"戴明环"，它是全面质量管理的基本工作方法。它把全面质量管理的工作过程分为 plan（计划）、do（执行）、check（检查）、act（处理）四个阶段。这个循环，可以进一步明确局部与局部之间、局部与全局之间的关系，确保形成一个正向的关系。我们可以参考这个管理模式，理清大目标与小目标之间的包含关系、小目标与小目标之间彼此相连、环环相扣的关系。我们需要用这个理论指导学校研制行动计划。

五是强调时限性、重要性以及目标的特性、计划的特性。目标设置与计划制订必须有时限。

（五）相关理论

1. 学校改进

学校改进理论肇始于 20 世纪 70 年代末 80 年代初，到现在已经有 40 多年的历史。学校改进也是一种系统且持久的变革方法。在国家教育方针政策的指引下，发挥学校是变革主体的作用，校外及校内人员协同工作，通过变革学校的内部条件，如改革课程与教学、教师专业发展、提高学校领导力、改善组织环境、获取外部支持等方面的内容，最终增强学校应对变革的能量，提高学生的学习成效。

学校改进涉及学校的方方面面，学校发展行动计划要与学校改进融为一体，并找准实践行动的生长点，借助生长点找到学校问题解决的突破口。学校改进可以从教育教学思想、学校治理思想、教育教学实践研究、信息技术应用、评价方式改革等方面着手。比如在教育教学实践研究方面，清华大学附属小学近年来也一直围绕着"成志教育"研究，探索学校办学实践的综合改革，它促进了学校的可持续发展。其成果"成志教育：小学立德树人的校本实践"于2018年获得了国家基础教育教学成果一等奖。另外，信息技术应用，比如电化教学、信息技术与课堂教学融合、翻转课堂、iPad教学、教育云智慧教育等，也是推动学校改进的一个很好的方面。

2. 行动研究

它实际上并不是一种研究方法，而是一种研究方式、途径或看待研究的一种视角、一种新的研究范式。所谓范式，是指一系列内在一致、相互支撑的概念、价值观、方法和行动。行动研究中具体采用哪些方法，应该根据具体情况（具体的研究问题、研究目标、所需要的信息）来决定。行动研究过程一般由几个行动研究环节组成。每一个循环由计划、行动、观察、反思这四个基本环节组成。研究参与者经过几轮这样的循环，能更好地在实践中学习，在学习中行动。

开展行动研究的要领：一是要以科学理论作为指导，将学校行动计划与行动研究相结合。我们需要找准看问题的视角，如果以研究的视角看学校行动计划，那么就是要以科学理论作为指导，而不是在经验基础上解决问题。在研究"行动计划"概念的时候，要弄清楚它的本质与内涵。二是运用科学理论对教育实践进行诊断，从而发现问题。一般来说，教育理论与实践的矛盾往往是问题产生的主要来源。三是依据一定的科学理论找到解决问题的对策，并加以实施检验。行动计划与行动研究相结合，就是把学校的行动拿出来研究，在研究中行动。学校改进的实践就是研究的对象，实践中的问题就是我们研究的内容，通过行动研究提炼成果并转化为我们的行动。这就是行动计划与行动研究之间的关系。

行动计划是循环的、递进的、螺旋式上升的，是成文，也是成行、成人和成事的统一。我们可以参考埃利奥特（Elliott）行动研究的三个循环模式。先了解清楚教育行政部门要求学校干什么，学校现在能干什么，这是初始设想。然后查找事实和深度分析，制订切实可行的计划，同时分配各个部门、各个阶段的具体工作，从时间维度、空间维度来系统考虑行动的步骤，然后再观察和反思实施的情况和效果，检验工作是否达到基本的要求，是否实现了基本的目标。最后分析解释实施成败的原因及影响。如果还发现有什么问题，研究者再进行第二轮的行动。第二轮又发现什么问题，研究者再进行第三轮的行动，持续推进学校的改进、目标的落实。如果研究者这轮行动还有某些地方没有做好，就不再进行下一轮，而是又换一个计划，这样永远都不能解决学校的根源性问题。

3. 宏观环境分析

宏观环境分析包括政治、经济、社会和技术四个要素。

第一是政治要素，就是党和国家、省、市要求基础教育朝着哪个方向发展？目标是什么？如高质量发展、教育公平、教育均衡、立德树人、提升学生核心素养、减轻学生过重的课业负担，还有"五项管理"等政策。如果校长对这些问题没有仔细去研读，很可能就会带学校走偏，就会导致劳民伤财，而且得不偿失。

第二是经济要素，是指现在国家或者地区的经济制度、经济结构、产业布局、资源状况、经济水平以及未来的经济走向，这也是学校办出什么样的特色的基础。经济决定政治，经济也决定学校发展的硬件、发展的速度，但决定不了学校发展的软件。学校经济宽裕的时候做哪些事情，经济拮据的时候可以做哪些事情，这是校长必须去考虑的，校长要根据学校的经济状况调整学校行动的侧重点。

第三是社会要素，包括民族特征、地方风俗。每个地方办学必须根据地方的文化、风俗来拟定学校发展的一些基本内容。比如我们经常看到、听到深圳、广州，或其他发达地区的城市，面向全国引进中小学校长的消息。引进之后，灵活的、文化底蕴深厚的、应变能力强的校长，能够适应下来，并且能够成人成事成大业。但也有不少引进来的校长，出现"水土不服"，办学思想无法落地，也无法生根，更不用说开花结果。所以校长要认真分析自己，分析地方的政治、经济、社会要素。

第四是技术要素，包括具有革命性变化的发明、新思想、新技术、新工艺、新材料的出现、发展趋势以及应用背景。校长想有所作为，但要考虑其自身的思想理念，学校现有环境、技术、工艺、材料等是否能达到要求。比如，很多地方办未来学校，花了很多钱，找了很多人，但结果却是"有待进一步观察"。据此，校长要做宏观环境分析，思考学校现在有什么技术、能做什么，如果将来教师能力和办学经费允许的话，学校尽量去摘那些"跳一跳能够摘到果子"，不要好高骛远。同时，提高老师的教育技术，校长的经营技术，也是宏观环境分析的要素。

4. 态势分析法

具体到学校内部，可以采取态势分析法来分析学校。态势分析法包括优势、机遇、劣势和威胁四个基本要素。一般来说，学校的优势和劣势并存，机遇和威胁也并存。马云鹏、谢翌在《学校文化的理解与建设——优质学校建设共同体学校的经验解读》一文中强调，优势里面有文化、管理、课程、教学、教研、评价，劣势也同时存在于这些方面，需要一分为二来看问题。我们经常认为优势里面没有劣势，这是不对的。在具体分析的过程中，还要结合当前基础教育改革的重大问题、关键问题以及地方教育发展的趋势来统筹考虑。①

前段时间，我指导了东莞清溪、望牛墩、珠海金湾区等学校的校长做学校发展的态势分析。无论是新校长上任指导，还是老校长交流，都需要做好深度调研和态势分析，从中发现学校的"家底"有多厚，积淀有多少，将来校长能做什么事情。如果前期没有去调研和分析，今后会遇到很多挫折、走很多弯路，导致事倍功半。态势分析方法，什么时间段都合适，一年做一次分析也可以。

5.GROW 分析

GROW 分析是教练式管理的一种引导和启发的方法，是 IBM、华为等公司普遍使用的一个成熟的管理方法。GROW 分析模型为人们提供了思考问题的理性逻辑框架。具体操作是：目标（goal）：管理者要站在组织期望要求的基础上，通过有效引导启发，帮助对方澄清他自己应该达到的目标，而不是由管理者直接给定目标。现实（reality）：不是管理者自己深入了解现状，而是通过全面深入的提问，帮助对方进行深刻的回顾与复盘，推动对方全面透彻地理清事实。选择（options）：这个环节的关键是通过有效提问，引导和启发对方打开思维，深入思考，探寻所有可能的解决方案，

---

① 马云鹏，谢翌. 学校文化的理解与建设——优质学校建设共同体学校的经验解读［J］. 当代教育论坛，2006（1）：36-41.

方案越多越好。决断（will）：这个环节的目标是推动对方选择合适的解决方案，使其有效落地，而落地的基础是引导对方制订出行动计划，只有把想法变成计划，明确目标和工作的时间节点、阶段成果，落地执行的效果才会更好。这种分析方法让我们清晰地看到，行动计划必须有目标，要根据现实的基础选择我们熟练的方式方法，要有阶段性并明确我们该干什么。基于这些理论，校长才能把学校的行动计划做得切合学校的实际，同时具有一定的前瞻性。

二、核心内容

（一）端正思想

国家教育行政学院副院长马陆亭研究员在《"十四五"时期教育工作的着力点》一文中提到，在思想层面应该注意：一是掌握科学的思想方法，应聚焦辩证思维、系统思维、战略思维、法治思维、底线思维、精准思维以及科学的思维方法，保证各项改革顺利进行。二是为中国人民谋幸福，为中华民族谋复兴是中国共产党人的初心使命，是新时代最大的大者，是教育工作者心中要永远装着的定盘星。三是强化战略思维，力求抓大事。教育工作要遵循教育发展的内外部规律，服务"两个大局"和人的自我完善，善于抓关键补短板，会牵"牛鼻子"，工作跟着方向走，小事随着任务办。四是形成建设性思维，不断解决问题。前进的道路是不断解决问题的过程，中国的教育发展走的是一条"规划—建设"之路。"规划"体现的是对美好未来、目标方向的设计追求，"建设"反映着我们具体实施、实现蓝图的实干精神。

同时他也谈到工作层面上，应抓住六个方面的重点：第一是抓立德树人的根本任务；第二是抓建设高素质教师队伍；第三是抓支撑创新发展新动能；第四是抓教育数字化发展；第五是抓教育服务社会能力；第六是抓党对教育工作全面领导的体制机制。[①] 该篇文章阐明了新时期教育的指导思想。

（二）理清关系

人的思维过程包括发现问题、提出问题、分析问题、解决问题四个步骤。学校行动计划的研制需要在现实中找出问题，确定改进目标，析出具体工作，研制计划，找准对策，落实人员，提供保障，总结成果。目标确定后要分析做什么、如何做，明确每一个问题具体由哪个部门、采取什么策略（包括方法、技术、资源）来完成，完成的标准及保障措施是什么等。最后要总结成果，自上而下渗透，自下而上反馈，相辅相成，促成目标实现。理清关系能使工作更有针对性，有助于提高执行力和完成任务。

在制订计划和具体实施的过程中，学校必须按照行动研究的四个基本流程来做，最终实现改进学校的目的。改进学校，是进一步理清学校的发展基础，增强学校发展的能量，提高学校核心竞争力的管理方法。找准问题、制订计划、实践行动与改进学校，是一个往复循环、螺旋式上升的过程。

（三）抓住核心

四川省教育科学研究院《教育科学论坛》主编崔勇老师在 2020 年 12 月 5 日召开的首届中国基础教育论坛暨中国教育学会第 33 次年会上介绍了高品质学校，包括理念、课程、管理、教学、评价、教研六个核心要素。

---

① 马陆亭."十四五"时期教育工作的着力点［J］.国家教育行政学院学报，2022（3）：3-5.

这些要素可以分为品位和质量两个方面，其中品位要素涵盖"理念与课程"，回答"应该是什么样"的问题；质量要素涵盖"管理和教学"，回答"应该怎样做到"的问题。理念和课程共同构成了学校的品位水平，管理质量和教学质量共同构成了学校的质量水平，评价体系是品位和质量之间的转化机制，教研能力是品位和质量之间的转化动力。

从办学层面上看，理念是指办什么样的学校，管理是指怎么样办学校；从教育教学层面上看，课程是指培养什么样的人，教学是指怎么样培养人。把这些基本问题系统地梳理出来之后，制订学校行动计划，就抓住了最关键的东西，如最关键的事，最关键的人，找到最关键的策略。

崔勇老师还提出了高品质学校建设四个基本主张，即"全人、全纳、共生、共赢"。"全人"和"全纳"对应学校的品位追求，"共生"和"共赢"对应学校的质量标高；"全人"和"共生"体现着教育教学改革的先进理念，"全纳"和"共赢"体现着学校组织变革的发展目标。这个主张很值得大家参考。

三、行动计划需关注的问题

（一）解读最新政策

2018年全国教育工作大会明确提出了新时代学生的基本素质和精神状态，即要在坚定理想信念上下功夫，要在厚植爱国情怀上下功夫，要在加强品德修养上下功夫，要在增长知识见识上下功夫，要在培养奋斗精神上下功夫，要在增强综合素质上下功夫等"六个下功夫"。同时明确提出要实现德智体美劳"五育"并举。2020年，中央及教育部先后颁发了一系列的文件，比如《中国教育现代化2035》，它比以前的五年规划、中长期发展规划，时间的跨度更大了，这要求校长们看得更远、更加清晰，教育将来应该走向哪里。同时国务院、教育部也颁布了一系列的辅助性文件，分别从教育现代化、办学活力、教师队伍建设、教学质量评价改革等方面，为学校发展规划研制提供了指导思想、发展目标、具体措施等方面的可靠依据。2022年4月21日，教育部颁布了新修订的课程方案、课程标准，这是新教改的风向标，是基础教育的工作行动指南。研制学校发展行动计划时，校长们需要对方案和标准进行深度阅读和解读。自己读一遍再结合工作实际去解读一遍，有助于把精神实质牢牢地记在头脑中，更容易弄明白"我是谁，我要去哪里，我怎么样才能到达那里去"的问题。

（二）摸清学校"家底"

摸清学校的"家底"，一是梳理学校发展的过程性资料，从中找到历久弥新、值得传承的基因。如果校长不去梳理学校已有的成就，可能在工作中会"找不着北"，而且会反反复复做一些无用功。二是追问学校发展的文化脉络，从中寻找支撑学校发展的灵魂。阅读校史有助于校长看见能够支撑学校发展的灵魂。学校的灵魂体现在我们优秀的校友、优秀的师生身上。看一看、想一想，学校有没有支撑学校发展的"灵魂"？如果有，就要全力推崇；如果没有，可以借助东莞正在推出的"寻找身边的张桂梅"系列活动，寻找或培养新时代本校的"大先生"，以夯实学校的精神文化。学校有了大批"大先生"才能支撑学校长远的发展。

（三）梳理学校事件

一是纵向梳理近五年的学校大事，二是及时将成功的教改个案纳入学校行动计划的整体框架当中，牢牢地把握教学这一条主线。以前我跟戴彦勋校长也交流过这些问题，即学校特色发展应有一条主线。他在创办实验学校时做"美育"主题，希望办出自身的特色；调到第四小学也做"美育"主题；现在又回到实验学校，还是坚持做"美育"这个主题。围绕"美育"这条主线，持之以恒地实践，将来肯定能够做出成效，并能够在整个学校甚至对周边的学校产生一定的影响。他起到了一个领头示范的作用。

很多老师做课题研究，在结题之后，再也没有进行深入的挖掘。做完一个课题，再申报一个新的课题，新旧课题之间没有任何联系。这是为了做课题而做课题，不是为了形成自己的知识体系或者完善自身的思维结构而开展的研究。这种做法导致学校没有亮点，看到的都是星星点点的东西。大家可以回顾、梳理一下，学校是否存在这样的情况。研制学校三年发展行动计划，就很有必要把学校所有的成果串联起来，形成一个体系。就像一颗颗珍珠，用一根线把它串起来，才能形成一条精美的项链。

（四）全员参与制订

一是汲取包括退休的老校长、老教师的智慧。二是重视中青年教师的力量，激发中青年教师参与学校发展的积极性。三是要用活年轻教师的激情。特别是年轻教师，有的在本校工作三五年之后就开始"躺平"，教师"躺平"跟校长的工作方式或者跟学校的激励机制有很大关系。制订学校三年行动计划的时候，要考虑教师发展的层次性和发展重点。要让年轻人去创新、去比拼，这是"发家"；让中年教师坚守住质量、安全的底线，这是"旺家"；让老年教师把优良传统或者是优良的学校文化传承下去，构建美好的大家园，这是"传家"。在研制三年行动计划时，要思考老年教师应该干什么，中年教师应该干什么，年轻教师应该干什么。应有侧重、有区分，让他们参与进来，这样才能博采众长。学校的三年行动计划一定要发挥老师们各自的年龄优势、技术优势以及专业的优势，把他们的潜能挖掘出来，积极性调动起来。

四、研制与实施

（一）三至五年发展规划

学校发展的行动计划，应在办学理念的指引下，设计好每一步的发展目标。比如，第一年要规范办学，包括依法治校、规划发展（制订三至五年的发展规划）、修订学校章程、精炼办理理念。第二年或第二阶段要提升质量，这是优质化办学的重要阶段，其最明显的标志就是质量提升，也是学校发展战略之首，没有质量就没有办法谈其他任何问题。当学校行为既规范，又有较高的办学质量时，老师们的自我主体意识就会觉醒，会自觉提炼自己的教学主张，练就自己的教学风格，校长也要在保证教育教学质量的同时凸显出自己的办学思想和管理风格，体现个人的魅力，这时就可以进入第三阶段，即培育特色，发展个性。培育特色是进入个性化办学的阶段，可以在第三年或者第四年开展。如果学校现在因为各种各样的条件不允许，可以把个性化办学阶段分成若干年来做。因此，学校发展的阶段可以大致分为规范化、优质化、个性化三个阶段。其中个性化包括了特色、品牌两方面。

近年来，东莞大力培育品牌学校，其重点在培育，是方向的指引，并不是说学校被遴选为培育对象就是品牌学校。品牌学校是文化的象征，是一种精神的归宿，是社会对学校的信赖。

闫德明教授认为，只要是一所具体的学校，就一定是一所有个性的学校。每一所学校都是一所潜在的特色学校，每一所学校都可以发展为特色学校。个性是学校与生俱来的"内在属性"，特色学校是认识和优化了个性的学校，不存在"办不出特色"的学校，只存在"没有办出特色"的学校，即没有认识自身个性、没有优化自身个性的学校。

每一所学校都是潜在的特色学校,但是怎样才能把学校办出特色,要看校长的事业追求、文化底蕴、学习能力和领导能力,这是办出特色的关键。黑格尔也指出人是靠思想站立起来的,而学校个性是办学思想延伸出来的,独特的办学思想渗透并弥散到学校各个领域,才能促进学校个性的发展。

(二)理清基本逻辑关系

学校行动计划应以"培养人"为中心,通过大幅度提升教师素质,让教师成为具有现代精神的现代教师,进而推进教育教学的现代化,更全面地提升学生的核心素养,把学生培养成为具有科学理性精神、民主法治精神、创新开拓精神的现代人,为建设现代国家作积极贡献。学校行动计划要明确"成事成人"的重点,要充分激发学校发展内生动力,要与现代学校制度建设紧密结合,要科学有效地使用编制规划的方法和技术。学校行动计划要抓住实施的关键人、拟解决的关键事、采取的关键技术、促进解决事情的关键制度、高效解决事情的关键资源。

(三)把握计划的基本结构

行动计划基本由四部分组成,即行动主题、背景分析、目标和任务、措施及保障(包含质量评估方法)。背景分析为目标和任务的确定提供依据,措施及保障为目标和任务的实施提供支撑。背景分析主要包括国家层面、地方层面和学校层面的分析,通过全面精准的背景分析,学校就可以确立自身进一步发展的目标和路径。然后要把目标具体化到可实施的任务,落实到时间、执行部门或人、达到的标准等。最后要从思想上、制度上、机制上给予监督检查,保证闭环的管理。

（四）要有效对接区域教育发展规划

学校行动计划一定是自下而上和自上而下相结合的产物。自下而上，要听取相关利益群体的意见；自上而下，就要学习和遵循国家和地方相关政策，对接和参照本地本区域发展规划。如果学校的行动计划没有承接省市的相关规划，自己乱搞一套，那么上下规划就没办法打通，也就没办法完成政府或者社会交给我们的任务。上下发展规划要对接，学校发展的五年规划要对接《东莞市教育事业发展第十四个五年规划和2035年远景目标纲要》，看看东莞的教育未来指向哪里，学校要朝着哪个方向去发展。学校发展行动计划有基本的结构，"背景分析部分"指明了要对国家层面、地方层面和学校层面进行分析。建设高品质学校，必须关照高品质学校的六个基本要素。

学校发展三年行动计划有基本的模版。第一部分是指导思想，包括政策依据、理论分析、发展的基本要求和目标。第二部分是校情分析，一是基本情况，二是学校发展的态势分析，即优势、机遇、劣势、威胁，通过精准分析，找到发展的重点、难点，以便厘定解决问题的措施。第三部分是办学理念体系的表述，包括办学愿景、校训、校风、教风、学风等。第四部分是办学目标，包括教师发展目标、学生培养目标和学校发展总体目标。总体目标又分为阶段性的目标，阶段性目标主要是年度目标，比如第一年是规范年，第二年是质量年，第三年是特色年，或者是用其他主题来命名学校今年要干什么，明年要干什么，后年要干什么，用一个主题或关键词来表达，让教职员工、家长一看就清楚学校今年干什么、明年干什么。第五部分就是重点任务，包括优化办学条件（硬件和软件）、深化管理改革（党建、人事、制度、技术、流程）、深化课程变革（课程完善、课堂改进、评价优化、资源整合）、活化德育规程（班队建设、实践拓展、家校协作）、创新教研科研（校本研修、校际协作、网络学习、课题研究）、提高办学质量（五育融合、团队建设、特长培养）等。第六部分是保障措施，包括思想保障、组织保障、制度保障、经费保障等。发展的主题可根据实际拟定为：质量提升，内涵发展，特色培育或文化建设等。

具体到分目标，可以按照部门职责、权限来制订，比如教师发展部门、课程部门、学生管理部门、校园文化建设部门，每个部门要根据学校三年行动计划进行分解，研制部门发展计划。

就教师发展行动计划而言，可以根据师资队伍的实际情况，把教师发展行动计划的主题定为"名师培养计划"，或者"'四有'好老师的培养计划"，或者是"卓越教师培养计划"。

第一是指导思想，必须将党的教育方针、国家教育政策和新课程标准的理念以及地方政治、经济、文化对新时期教师的基本要求作为教师发展行动的指导思想。

第二是师情的分析，要分析教师的年龄结构、性别结构、学历结构、信息技术水平，以进行名优教师的分析，尤其是教师的教研水平（能否循环任课、课堂教学竞赛成绩、教学质量）和科研水平，包括课题立项和结题、论文发表情况等。

第三是成长理念，指的是学校要培养什么样的老师。

第四是成长目标，要分层分类拟定教学常规、教学质量、教育科研、综合素养等方面的目标。既要有团队建设目标，也要有个体发展目标。个体发展目标需要教师制订自己的专业成长规划。

第五是关键问题，在前面的师情分析中找到关键的问题，确定培养的目标，根据教师的文化底蕴、理论基础、教育技术、研究能力、表达与沟通等方面做好培养、培训。比如，开展形式多样的教师读书活动，提升教师的文化底蕴与理论基础，邀请信息技术专家对教师进行现代教育技术的培训，提高教师的现代教育技术运用能力，聘请教育专家、科研人员对教师进行教育研究方法和论文写作方面的指导，提高教师的研究能力和表达水平。在思维训练方面，可以将"六顶思考帽""世界咖啡"等理论运用到教研活动中。

第六是培养的措施，可以运用成熟的校本管理、校本研修、校本培训的经验，结合现代教育技术，国家、省市的教师教育资源确定本校的措施。

第七是具体的时间安排，比如，东莞市新一轮的"三名"［名师、名班主任和名校（园）长］人才培养工作[1]已经启动了，接下来就是如何培养。学校要统计本校的"三名"教师人数及学科分布，思考学校能否用三年时间培养出几个有竞争力的教师，或者把现有的"三名"人员再往更高层次输送。如果学校没有这种意识和行动，则学校研制的教师发展三年行动计划的指导性不强，意义不大。

第八是要制订质量标准，包括组织标准、研训的标准、考核的标准。教师发展领导小组要分工与考核，要有写实性资料和可视化的数据。

第九是保障措施，需要考虑专项经费、专业训练场室，搭建教师学习与交流的平台。特别是学校要给教师展示自我的渠道，一是发表教师自己的心得体会，或学术研究论文；二是要给他们展示自己教育教学成果的机会，或者是才艺展示的舞台。通过展示、汇报锻炼教师，提升其教学能力。校内展示能够锻炼教师的胆量，同时增强其自信心和反思能力。很多老师，默默无闻工作了一辈子，到退休了也没有在国旗下讲过话、在大型集会上发过言，这无疑不是其遗憾。校长可以换位思考，如果多给教师一些荣誉感、成就感，让教师充分感觉到自身的价值，队伍的士气就会大大提升。

---

[1] 东莞市教育局.关于公布东莞市新一轮（2022—2024年）名师、名班主任、名校（园）长工作室主持人名单的通知[EB/OL].[2022-05-11]. http://edu.dg.gov.cn/zfxxgkml/ywgz/zhyw/content/post_3797056.html.

为了把学校的文化精神或灵魂体现出来，教师发展行动计划可以给优秀教师设置多一些示范引领的机会，多一点展示的机会，给那些"可上可不上"的教师增加一点动力，从而激发每一个老师的潜能。

总之，教师发展行动计划要明确各个阶段的发展重点，关注难点，要充分激发学校发展内生动力，要与现代学校制度建设紧密结合，要科学有效地使用编制规划的方法和技术，使教师发展行动计划真正起到指导作用。需要再次强调的是：学校要抓住行动计划实施的关键人、拟解决的关键事、采取的关键技术、促进事情解决的关键制度、高效解决事情的关键资源。

（五）行动计划实施成功的策略

一是行动计划要与岗位职责挂钩。比如制订岗位说明书，推动干部述职制。我进入高校工作时，部门领导就给我一张岗位说明书，岗位说明书上明确了我的工作职责，比如主岗是附属学校管理和教育的社会服务，基本岗工作是完成的课时量、科研任务。岗位说明书还明确了年度考核、任期考核的标准。部门发展行动计划可以把干部的工作职责和部门分管的具体工作结合起来，推动部门主管负责制。到年度工作总结、任职期满时，每一位干部必须对照岗位说明书、部门绩效以及个人成绩进行公开述职。推动岗位责任制、干部述职制，目的是培养干部，让他们工作有目标，有统筹思维，学会换位思考，而且能够很快地领会学校的意图，按照学校的办学理念、学校发展规划和部门发展行动计划把工作做实、做出成效。

二是行动计划要与日常的工作相结合。比如落实周计划，做好每个月的小结。其实就是前面我们讨论的PDCA循环，大环套小环，环环相扣。

三是行动计划要与学习任务相融合。校长要清楚地认识到，人的认知水平和教育技术，永远赶不上时代的变化。我们需要在行动中学习，在学习中行动。比如开展系统化学习，组织好专业化的培训。系统化学习和专业化培训，可以重构我们的知识体系，也有助于完善我们的思维结构。一位有思想、有追求的校长，定会想办法做到工作与学习相结合。

四是行动计划要与研究项目共进。校长可以设计学校发展的总课题，在总课题下设立若干子课题，鼓励教师或团队申报。教师申报的课题可以定位为校级课题。前面我们谈到很多老师都有课题，但如果教师的课题跟学校整体的发展任务没有紧密联系，学校就很难在办学理念下培育出自己的特色。据此，对教师申报的课题进行统筹，让小课题跟着学校行动的大课题走，以此形成"全校一盘棋"。这样有聚焦也有发散，聚焦在于学校想干什么怎么干，发散在于鼓励教师形成自己的教学风格，成为名师。

五是学校行动计划要做到日常事务与成果提炼并存。在推进学校发展行动计划过程中，每月要落实一个工作重点，每学期要创造一项有影响力的改进成果。做到目标与成果相统一，成果能指导学校向更高的目标迈进。由于很多教师，甚至很多干部的成果意识比较薄弱，做完了就做完了，没有及时去总结经验，提炼成果，影响了目标的实现，工作的升华。学校发展行动计划的完成，要注意全面总结，深度分析得失，及时改进不足之处，保证下一阶段的工作开展得更加顺利。

第三讲 学校教育教学诊断

一、学校教育诊断概述

（一）学校诊断概述

学校诊断是一个科学、冷峻、严谨的工作，需要严肃认真的态度，其过程类似于中医的诊治手段。学校诊断是指诊断者深入学校教育的具体实际中，发现学校教育中客观存在的主要问题，运用科学的方法查明产生这些问题的主要原因，对学校功能进行系统描述和判断，进而提出切实可行的改进方案。通过方案的研制和实施，促进学校改进和决策的过程。为什么要把办学理念系统构建作为第一讲，三年行动计划的研制和实施作为第二讲，就是提醒学校管理者对相关问题要有研究的意识，改进学校过程中要有成果的意识。

问题意识，是指认识活动中的怀疑、追索的心理状态，是推动研究的关键。通过学校诊断发现学校教育教学质量的提升与学校治理的关系，判断问题出处。如学校办学理念是否正确？教师的专业成长是否赶得上时代的变化？学生的学业成就是不是得到明显的提高？

研究意识是指教师将自己的教育教学作为研究对象，在问题驱动下，采用适切的方法，在解决教育教学问题中创生出独特的个人知识的意向，它至少包含三个相互联系的要素，即对自身教育教学问题的创新解答、以行动研究为主的方法综合与致力于教育教学完善的成果呈现。

华东师范大学叶澜教授发起的"新基础教育实验"在很多地方建立了实验学校或实验基地，对实验学校采用"号脉"的方式找出教育教学中存在的问题，进而消除教学的弊端，改善教学效果。通常情况下，采取"望、闻、问、切"的方式对学校进行"把脉"。"望、闻、问、切"是中医诊断病症的一种常用的方法。通过这种方法来找出办学理念、学校管理、师资建设、课程教学、学生评价机制、校园环境等方面的"病症"，"对症下药"，引导学校朝着正确的方向发展。

我跟工作室主持人戴彦勋校长在佛山、珠海、揭阳和东莞参加过不同类型学校的学校诊断活动，主要围绕依法治校、立德树人、核心素养、特色培育等方面的内容对学校教育教学和管理工作进行考察、诊断。判断学校的教育教学和管理是否体现"为国育才、为党育人"的国家意志；是否落实新课程"坚持全面发展，育人为本；面向全体学生，因材施教；聚焦核心素养，面向未来；加强课程综合，注重关联；变革育人方式，突出实践"这五个关键问题。2022年4月21日课程方案和课程标准的修订，意味着中小学的教育改革开始进入一个更加深层次的阶段。通过学校诊断，引导学校根据时代要求和《中国教育现代化2035》的精神，把握好学校发展的正确方向，进一步思考和探索国家需要什么样的人才。课程方案中明确了培育有理想、有本领、有担当的社会主义新人是当前的根本任务。在这种新形势下，学校诊断对处于各个阶段的学校都是很有必要的。学校诊断是一种学校管理的必要且有效的措施。

（二）学校诊断的特点

学校诊断有四个特点。一是基于客观存在问题的研究。每所学校都有它的优势，也有它的劣势。我们既要看到优势，也要看到发展中的不足。通过学校诊断，最终实现学生在全面发展的基础上有个性地发展。

二是基于诊疗方案的建立。我们根据教育部出台的中小学校质量评价指标体系，研制适应相关学段的学校办学水平评估指标体系，学校对照指标体系，梳理学校的相关工作。诊疗方案类似于我们到医院体检，每一项检查都有相关的标准，比如血液检查有哪些项目、有哪些指标，从检查结果看，达到了哪些指标，有哪项指标偏高，哪项偏低，那么偏高指标我们要怎么样去干预，偏低的我们要怎么样去调理。同理，学校质量指标体系是衡量学校办学水平的一个基本标准，但是不一定完全适合每一所学校。因为各个学校的基础不同，所以对学校的诊疗方案也要根据地域、基础等客观因素来修订。

三是基于学校诊疗方案的实施的指导。也就是说，已经看出是什么病了，但是怎么样去治疗，就需要参加诊断的专家、学校相关人员共同研究，构建学校能接受的改进方案。提的要求过高，学校没法实现；提的要求过低，学校的动力不足。

四是基于分项诊断的综合诊断。学校诊断是一个整体的、综合的活动，可以客观地反映学校的态势。分项目诊断是专门针对学校管理或教育教学中的某一两个要素，比如针对学校办学理念的单项诊断，针对学科特色建设的单项诊断，针对老师的课堂教学进行诊断，针对学校管理（组织结构、制度建设、家校关系等）进行诊断。单项诊断，同样要按照党的教育方针、国家出台的政策文件、新课程标准的精神设立相关的分项诊断体系。如果我们把各个分项集中起来，就可以形成一个比较完整的框架，开展综合性的诊断。

（三）学校诊断的目的

学校诊断的目的在于提高学校的效能。效能，就是既有效力，也有效率和能量。具体来说，是指在一定的时间和空间范围内，能做什么事情，产生怎样的效果，学校核心竞争力是否得到提升，是否不断提高了学校在社会上的满意度。通过学校诊断，帮助学校检视教育教学以及经营管理等方面存在的问题和薄弱环节，提出改革方案。学校诊断方案能起到帮助学校排忧解难的作用，有利于学校进行科学决策。在学校诊断过程中，参与人员通过学习、研究、交流获取学校管理新知识、新信息、新思维、新方法、新技术，从而不断提高现代学校管理效率和效益。

（四）学校诊断对学校发展的意义

学校诊断对学校发展有四个方面的意义。一是增强学校发展的自信心。就像我们去体检，若检查出来的各项指标都很好，说明我们身体很棒，那么做事情就有信心，不用担心自己的身体状况，学校发展同样如此。二是增强学校发展的凝聚力。在学校的日常工作中难免会有精力分散、力量分散的时候，而在学校诊断过程中，需要集中精力思考学校现在有哪些优势，有哪些弱势，现在有什么样的机遇，又面临什么样的挑战，所以汇聚大家的力量去总结、分析这很重要。三是使学校走向理性的发展之路。通过学校诊断，专家提出了在过往的学校管理过程中有哪些优势，有哪些不足，告诉学校发展的侧重点在哪里。如果学校抓准了关键的人、关键的事和关键的技术，学校工作就事半功倍；如果学校避重就轻，不敢直面问题，就事倍功半。四是使学校发展方向更加明确。前面研讨"学校发展的三年行动计划",是希望学校教职工能按照既定计划工作,实现既定目标。如果看到学校每一年或每一个阶段的工作都有进步,这说明学校发展的方向是对的,而且是有成效的,这样学校的目标会更加明确,学校会得以快速健康地发展。

二、学校诊断的实施

(一)诊断程序

前面我们讨论了学校发展的三年行动计划、五年规划,现在检验每一年的目标是否实现,或感觉是否有进步,就需要我们自己每年做一个反思和小结。最好是通过专家、名优校长或者社会专业人士对学校进行全面的诊断,给出合理的改进建议。通常的学校诊断,是按照学校自评、专家外评、互动改进三个环节进行。学校自评方面,需要学校成立自评小组,按照学校诊断指标体系的模块、观测点、评分标准等进行分工,收集过程性的写实性资料和表现性资料。根据材料梳理成绩、问题及原因,撰写学校自我诊断报告,做好校园环境的整治,参与学校现场评估和诊断问题的研讨,与专家共构学校发展的报告。专家外评方面,需要专家提前查阅学校提供的自我诊断报告、指标体系,进入学校现场时,观察校园和师生的行为表现,查阅学校的自评报告关联的数据、资料,对学校的态势进行诊断、分析,与学校领导班子、师生和家长代表进行互动等,最后汇总各方面采集的资料,形成诊断结果。互动改进方面,专家研读受诊断学校的资料、查看校园、听取校长的自我诊断报告、随机进入课堂听课、查阅学校各种资料、开展访谈与座谈、开展问卷调查,之后专家组进行综合分析,最后与学校班子成员互动,形成学校发展的报告。

（二）诊断内容

学校诊断的内容，主要是针对办学目标的评价，发展规划的检验，教育教学和管理工作反思，有一套比较完整的学校诊断的内容。诊断指标体系有六大项，二十小项和五十六个具体的指标。第一大项是党建廉政，包括党的建设、党风的廉政。第二大项是学校文化，包括办学理念体系、现代学校制度和办学条件。第三大项是"五育并举"，包括德、智、体、美、劳五个方面，主要针对是否培养全面发展而富有个性的、合格的社会主义建设者和接班人。第四大项是课程与教学，包括课程体系建设、教学管理、教学改革、教育教学与信息技术融合。第五大项是"四有"好老师，包括师德师风、专业发展。第六大项是特色与创新，包括特色创建与改革创新。它是一个比较完整的诊断指标体系，经过广州、珠海、东莞、揭阳多地多所学校的实践检验，证明这一套程序和指标体系比较科学，也比较容易操作。东莞市名校长工作室也运用这一套指标体系，对学校进行了诊断，提供了学校整体改进方案。

（三）学校诊断的方法和技术

诊断的方法与技术，一是专家到学校查看校园和学校的文化建设；二是听取学校领导的自我诊断报告；三是随机进入课堂听课；四是校长访谈；五是举行座谈会，包括中层干部、教师、学生家长、主管部门领导；六是问卷调查；七是查阅档案资料；八是专家组填写办学指标。其中，听课是特别重要的一个环节，主要针对学生在课堂上的学习是否有效，师生之间的关系如何。专家组成员关注课堂教学过程，老师传授知识、方法、情感、态度和价值观等方面内容，特别是诊断要关注学生的学习状态。教师在课堂上一般注重的是知识的传授和方法的训练，往往会为了考取高分而忽略学生的情感陶冶，如学习情感、互动态度及正确价值观的培养。学生对学科的兴趣或情感、态度是否能够形成，是否能够用学科所学到的知识、方法去完善自己的世界观、人生观、价值观，需要教师在教学中特别关注。如果教师在课堂教学中忽略对学生"三观"的培养，很有可能学生会变得"有知识、没智慧"。这样的学生就不能用学到的知识、方法去为人民服务、为我们这个时代的发展服务，缺少新课标要求的担当精神。

（四）问卷调查

关于问卷调查，设计有干部调查表、教师调查表、学生调查表和家长调查表。问卷调查的主要内容包括学生与同伴的关系、师生关系、课程与教学、学校管理、资源与环境、学校文化。每一项内容分十个指标，每个指标又设六个选项，分别是完全符合、基本符合、一般、不太符合、完全不符合、无法判断。随着新课程标准的推进，学校诊断的问卷调查可以根据其精神，不同类型学校的需求重新设置，调整侧重点，以便使学校诊断更有针对性。

三、学科与教学诊断

（一）学科诊断与改进

学科特色诊断和课堂教学诊断是本讲的重点内容。学科有没有特色，很大程度上影响办学特色的生成。我们经常说的特色学校、品牌学校，一般来说是以课程建设、课堂教学变革、评价改革等为路径，推动教师专业成长和学生综合素质的提升，带动学校各方面的改进，实现与办学理念相一致的发展目标。学科诊断的方式方法与学校诊断相类似，用"望、闻、问、切"的方法开展，其主要内容有以下九个方面。

第一是学科文化。学科文化是学科的灵魂，它是在学科形成和发展过程中所积累的价值标准、伦理规范、思维与行为方式的总和。文化的核心是价值观。想把本学科建成什么样，需要有正确的价值观指引，即为教师的专业成长、学生全面而富有个性的发展服务，并形成自身的特色。我们经常看到某所学校的某一学科学生考试成绩还不错，但究其原因好成绩是靠"留堂""磨"出来的，牺牲了师生的很多活动时间。这里可以一分为二地看问题，不好的是耗时、费力；好的是，我们要在"磨"的经验中提炼出一种精神，那就是刻苦和精益求精的精神。此时就要强化教学方法、手段的改进，提高教学效益。要把追求质量和改进教学的精神，作为影响师生思维和言行的普遍形态，逐步形成学科的一种独特文化。同时，在学校文化的弥散下，把握好学科性质、特点及内在价值，在实践中形成良好的学科文化，丰富学生文化、教师文化、教学管理文化，努力使学校内的大小文化环境相匹配。学科特色建设要明确倡导什么、摒弃什么、追求什么，要结合国家的教育方针、本校的办学理念，全面推动学校办学特色的生成和品牌的塑造。

第二是队伍建设，包括教师培养培训计划、个人成长规划、行为公约等。有些学校统筹了教师的培养培训，制订了培养培训计划。有些学校对教师的培养培训，完全依赖上一级教育主管部门进行。如教研室提供的教师培养培训的计划，很少有针对本校、本学科教师制订的。很多校长也在考虑这个问题，为什么自己学校的"三名工程"（名教师、名班主任、名校长）人员会比别的学校少？哪里出了问题？在学科建设过程中，校长要有培养名师的意识和具体的计划。现在东莞市新一轮的"三名工程"已经启动了，校长是否有明确的规划，在学校制订的教师培养培训计划中，三年以后本校要培养多少个市级甚至省级的名教师、名班主任，以及校长自身素养能不能更上一层楼？学校是否有专人指导教师制订个人成长规划，教师个人的成长规划是否与学校发展规划紧密联系？有的学校指导了教师做个人成长规划，但是否开展了定期指导、定期展示？当教师在专业成长中遇到自身解决不了的困难时，作为校长如何有效整合优质教育资源，邀请专家对老师进行解困，或跟踪指导了吗？比如这位老师有可能成为市一级的名师，或者市一级的名班主任，其有比较丰富的实践经验，但是在语言表达方面（如写论文、写教学反思、写案例）有一定的困难，校长想办法去帮助他了吗？如果校长有这些自问，三年内可以在原有的基础上，培养很多优秀的老师，有些优秀教师可能会进入市级的、省级的乃至国家级的名优教师行列。教师行为公约是从教师文化、学生文化、学科文化，以及课程文化中，选出一个符合学校实际的价值理念来统领教师教学工作的行为，明确我们是一个团队，不是单打独斗的个体。因而在制订教师公约时要注重团队的建设，同时也要突出个人的能力。一定要做好团队建设，形成一个学科教师发展共同体，提高学科教师团队的核心竞争力。

第三是学科课程，它是学科特色构建的基础。我们在查阅文献、搜索信息时经常会发现，学科课程最能体现学校的特色。因此，学科课程的建设应该有一个主题（概念或关键词），比如东莞市寮步镇香市第一小学的郝洁校长，她是任教语文学科的，她的教学主张是"本简语文"，用"本简"这个主题来统领她的语文教学。"本简"两个字渗透到语文学科的教、学、做、评之中，在实践和总结中就形成了她的学科教学风格和特色。学科教学最终能否走向学科教育，与学科课程建设紧密相关。如果教师经过深思熟虑有了主题或主张，就可以在这个概念下开发学科的课程，组建学科课程群，同时与学校的课程体系进行对接，推动学科整合与融合，丰富学科建设的资源。学科课程建设，有利于实现学科有思想，教研有理论，教学有质量，教师有特点，学生有特长的目的。为了更好地与新课标相融合，我们需要把握好有理想、有本领、有担当的课程建设指导思想，开发"知识拓展""方法迁移""情感陶冶与意义构建"这三类的课程。这意味着在国家课程之外，每一个学科都可以开发这三种类型的课程。知识拓展课程方面，现在中小学课程编排的特点是从单篇课文到单元，这是一种主题式的编排，比如语文学科，从单篇到单元。为扩大知识面和提高阅读量，有的学校开展了"一主两翼"教学，有的开展"大阅读"，充分说明扩大阅读量、拓宽知识面是语文教师的一个共识。方法迁移课程是思维训练和创新能力培养的课程，但目前很少有学校尝试。情感陶冶和意义构建的课程，也是学校很缺少且最容易忽略的。总之，学科特色建设，必须围绕党的教育方针、地方文化及学校的办学理念来策划，提炼学科特色建设的主题，形成学科课程建设方案，以保证本校的学科课程建设好，为学科特色建设奠定基础。

第四是资源整合，包括信息技术与学科整合、跨学科教学、项目式学习，还有实践基地的开发。大概念教学、主题式学习、项目式学习是新的课程方案以及课程标准提倡和大力推动的。学校要通过学习新课程标准，然后开发新的校本课程，再形成新的评价和改进机制，实现课程教学的进一步优化。2000年实施新课程标准后，为了落实新课标精神，便有了校本管理、校本教研、校本培训、校本研究等新的项目。大学与中小学协作，地方教育部门和中小学协作，这种纵向的资源整合，切实推进了基础教育的高质量发展。2010年以后，出现了很多纵向、横向的基础教育集团化办学，实现了理念传播、师资流动、管理优化、场馆共享、成果共育。各级教育行政部门陆续推动名师、名班主任、名校（园）长工作室主持人项目，每个工作室招收若干名学员，以传播优秀经验，推动基础教育优质资源的均衡发展。2020年，信息技术在教育领域中迅速发展，网络授课、网络教研、网络培训等技术解决了跨部门、跨地域教育教学方面的难题，优质教育资源也普及到了能接入网络的千家万户、每一所学校。工作室和网络资源，是学校高品质建设不可或缺的优质资源，校长要有协作意识和整合能力。现在新课程的变化在于资源整合，学校可以把学校周边的人文景观、历史古迹、非物质文化、科技企业、农业生产等方面的资源加以利用，与这些资源的管理者做好沟通，共同发挥这些资源应有的价值。对于校内实践基地而言，学校可以自己动手建立微景观、微场馆、微基地、微作坊，发挥校园内场、馆、室、通道等设施设备的功能。比如，清溪镇联升小学，楼顶做好防水，规划好楼顶空间，用来做学生的劳动实践基地，开展项目式学习，此举扩展了教与学的空间，丰富了师生的校园生活。教师还可以利用基地开展主题式教学，将学校现有的资源发挥出最大效益。

第五是人才的培养，包括名优教师、特长学生培养，也包括名优教师为兄弟学校和社会提供教育服务。学校应重点为师生搭建实践和展示自己才华的平台。根据学习金字塔的理念，校长要鼓励师生结合所学所悟去大胆实践，包括展示自己、教会他人，使师生在展示、传播、教人的过程中学会反思、学会创新。现在每所学校都按照教育主管部门的要求开展了"430课程"，有一部分"430课程"是外包给第三方的，而学校也有自己的校本课程，校长是否有意识地将两者打通，使"430课程"的效益最大化？需要关注的是，"430课程"有没有围绕学校的办学理念、学校的培养目标进行？是加强了还是削弱了？是优化了还是泛化了？学科组长要根据前面讨论的、最基础的三类课程来支撑学科特色的建设。另外，教师和学生是否在课程实施和活动开展中使自己得到相应的发展，特别是学生的情感、态度、价值观是否得到很好的培养？在人才培养方面，校长、科组长要有意识、有计划并持之以恒做好引领和服务，让学生在全面发展的基础上真正突出个性的发展。

第六是教学常规管理，常规管理包括五个方面：备课、上课、作业、辅导、考试。需要特别关注的是教学流程是否规范，是否突出了课堂教学、作业设计、学业质量的提升。学校抓备课、共同备课，但是备好课之后，忽略了观察学生在课堂上的学习是否发生，是否高效，这是其中的薄弱环节。在常规管理中，学校需要推动以评促教、以评促学、以评促改。比如，各科教师都在研究作业设计，作业设计其实对于提高学校的教学成绩是极其重要的，需要研究课程标准中关于学业质量评价部分，也就是通常讲的考试大纲。考纲要求考什么，有哪些命题形式，作业设计是否跟命题形式相一致，能否做到更加灵活？如果教师将考纲研究透了，教学会更加精准，学生的考试分数会更高。要想提高考试分数，一定要研究学业质量评价标准、考试大纲，研究命题形式和答题技巧。如果学科教研活动中没有研究课标、研究学业质量评价标准和考试大纲、研究命题和答题技巧这些重要的环节，想通过加大作业量、要求家长辅导和督促等，效果不一定会好。常规工作中还要对教师的作业设计和布置、每个单元测试卷、复习题等进行诊断、指导，保证习作、考试等工作与新课程理念和要求相一致。校长要防止教师照搬照抄别人的备课、随意购买教辅资料、每天发一张试卷这类不良行为。抓好备课、开展有效教学、按考试大纲设计作业这些环节做好了，再对学习有困难的学生进行辅导，教学质量便能提升。课后辅导，最重要的辅导是心灵的辅导和学习情感的培养，教师要善于发现学生的闪光点，引起他们的兴趣，激发他们的潜能，即知识体系的构建、方法的运用或迁移，使其形成合理的逻辑思维，在作业或考试中能够"顺藤摸瓜"或"跳一跳摘到果子"，而不是要求学生强记硬背。学校要加强学生的竞赛管理和绩效评估。在学生竞赛前，学校和学科组都会成立一个小组或团队，需要明确的是，小组参加上一级教育主管部门的比赛，代表的是学校，不是某个或某几个教师、几个学生。然后根据教师的兴趣、特长做好参赛方案，落实人员分工，尽可能解决参赛中的技术问题、资源问题，做好激励和保障工作。这样会有效提高参赛团队的责任感、荣誉感、使命感，从而提升师生的归属感和使命感。每一次参加校外比赛后，学校还要善于总结经验，改进措施，争取教学质量和参赛成绩不断提高。

第七是学科研究，包括撰写教育叙事、教育案例、教学后记、教学反思，及年度主题论文。学科研究一方面要结合新课程标准的热点、难点问题，另一方面要结合地方教育发展规划、学校发展规划及学科特色建设目标。学科研究首先要对学科内涵进行解构，结合新材料、新方法、新技术、新领域进行重构。其次要把握好学科的边界，在特色创建中保证学科的性质不变，提炼具有学科特质的主题。再次是与日常工作相结合，在研究中行动、在行动中改进、在改进中提炼。行动学习、行动研究是改进教育教学工作的优质路径。最后，学科开展的活动要紧扣学科研究的主题，以便验证和收集写实性的材料。如果学科活动主题和研究主题不一致，工作就不能聚焦，且牵扯的精力太多，最终没有办法形成一个体系，也没有办法构建学科特色。前面两个专题介绍的办学理念和学校发展行动计划，重点提到行动计划要有一个主题来统领学校各方面的工作。同理，课程建设、教育教学要跟办学理念相一致，办什么样的学校，培养什么样的学生，就需要什么样的老师和相应的课程来支撑。这是顶层思考，是一个很完整的结构化思维。在学校发展方面，第一年是规范化办学，第二年是质量提升，第三年发展学校个性，包括办特色、塑品牌。围绕学校发展目标（办什么样的学校），每年都有一个主题，主题之间是逻辑推进的。学科教学研究活动也要形成一个逻辑推进的特色发展体系，每一项工作要紧扣学校当年的发展主题，并按照相应的质量标准检视、改进工作，以更好地推进下一个主题的开展。因此，学科研究很有必要开展教育叙事、教育教学案例、教学后记、教学反思以及年度主题论文的撰写，通过思考和写作帮助教师改进工作，提高学科研究的效益，促进学科特色的生成和学科建设目标的实现。

第八是学科活动，包括主题活动、特色展示、成果汇报、学科交流等。学科活动是在年度建设主题下举行的相关活动。学科建设必须有主题，主题可以通过课题的形式表达，也可以通过校本课程的开发、应用、成果展示等形式表达，还可以开展课堂教学变革、教学模式研讨、教学成果展示等活动。主题活动的开展，能够激活学科的活力，有助于检视本学科跟兄弟学校的学科相比之下优势在哪里。学科交流活动，可以用好工作室这个平台，大家围绕着工作室主持人所在的学校，通过学科建设经验相互交流，推动学校提高质量，办出特色，提升品位。我们圈子小就小做，圈子大就大做，让我们每一所学校、每一个学科甚至每一个老师都参与进来。通过相互交流，培养教师的合作精神、沟通能力、表现水平和教学机制。学科活动是学科文化的展示，需要经常交流与互动。文化因交流而精彩，因互鉴而丰富。

第九是对外宣传，学校要为本校的优秀学科开辟宣传渠道，宣传学科思想方法、学科人文故事、学科与生活、名优教师、学生习作、学科的未来等。把教师在学习和工作中积累的经验，及时做好梳理和总结，积极对外宣传。现在"酒香也怕巷子深"，需要主动创造机会对外传播。宣传优秀教师、优秀学生，在给予他们充分肯定的同时，能增强他们的自信，使我们的师生有获得感、有尊严。学科特色建设活动也是提高凝聚力，让学科老师有信心、有责任、有使命、有尊严。学校要激发每一位教师的潜能，发挥他们应有的价值，让他们的才智为学科特色建设所用。2015年，我在东城第一小学担任校长期间，曾带领、指导每一门科做文化建设，其中每年出一本学科专刊。专刊用校名＋学科命名，如"第一小学语文学科"，就用"第一课·语文"命名，并且每一门学科都有自己的专刊和微信公众号。通过专刊和微信公众号的设计、内容的精选，充分表达学科建设的水平，以及实现对外宣传、扩大影响的目的。通过宣传，引起了校园内外利益相关者的注意。学校也邀请了兄弟学校同学科的名师骨干对学科文化建设进行把脉诊断、交流，吸取更多的养分。

（二）教学、教研诊断

1. 教学诊断是一种常规的教研方式。它主要是对一线教师进行观课。通过对课堂教学的诊断，给教师以方向性、导向性的指导。对教师个人的教学诊断是为了提升其自身素质和教学水平，主动邀请学校内较高水平的教师深入自己的教学生活，帮助自己发现问题、改进提高的一种自主发展方式。教学诊断是教师教学的一个重要的任务，贯穿教学活动的全过程，对发现教学过程中的问题，促进教学质量提升及教师专业化发展具有重要的意义。教学诊断的内容包括诊教师、诊学生、诊师生关系三个方面，具体有九大要素。教师方面，包括教学目标、教学内容、教学方法、课堂结构、教学技能、教学效果六个要素。学生方面，包括学生的参与程度、参与效果两个要素。师生关系方面，包括师生互动，即教师提问与学生回答。

2. 从教研组建设来看，诊断和评价其是否优秀主要看师德规范、常规工作、教研实绩和呈现的亮点。

师德规范有三项指标，分别是"教书育人，为人师表，认真完成学科教学及其他育人工作，服从学校安排""教研组长工作热心，组内教师团结和谐，教学上互相探讨，教学资料互相交流""注重教师队伍建设，关心新教师成长，师徒结对有任务有要求，骨干教师培养有机制，措施有力"。

常规工作有五项指标，分别是"教研组能结合学校发展规划制订学期工作计划，积极投身课程改革，开展拓展性课程的开发与实施，并能及时做好总结""注重教学'五认真'的规范落实，积极开展转变教学方式的实践研究、信息技术的应用研究，形成本学科特有的教学新范式""注重课后分层辅导、分层布置作业，积极开展作业自编、创编的探索""教研活动每学期至少4次，备课组集体活动每周1次，组内教师互相听课、研课，各类活动有主题、有目标、有措施，注重反思、提炼和宣传""认真参加省、市、镇（区）各类教师培训活动，无随意迟到、早退、缺席现象"。

教研实绩有四项指标，包括"教研组每学期（学年）有研究课题（或主题），且有成效；每位教师积极撰写教研论文（见习教师可以是教学总结），每年有市级及以上论文获奖交流""组内教师获镇（区）级以上综合荣誉，单项荣誉占全组人数的三分之一以上""做好教学质量分析，学科成绩高于镇（区）平均或增量显著，各类学科竞赛（比赛）有学生或作品获奖，测查科目有镇（区）级以上的获奖成果""积极组织、举办省、市、区级各类研讨活动，承担开课、点评等任务"。

亮点呈现方面，包括"教研组在镇（区）内有较大影响的特色或成果，能够形成一定的品牌效应；拓展性课程开发与实践、教学方式转变、信息技术应用、作业自编创编、评价改革、队伍建设等有特色，效果显著"。

3. **课堂诊断**。课堂诊断主要是听课。听课主要针对学习是否发生，是否有效，关注过程、方法、情感态度和价值观的落实。现以华东师范大学刘良华教授和湖南师范大学的刘铁芳教授等研发的语文学科课堂教学评价表为例，此评价表基于学科核心素养和兴发教学。

评价的一级指标包括"学科核心素养"和"兴发教学"。"学科核心素养"分成"语言建构与运用、思维发展与提升、审美鉴赏与创造、文化传承与理解"四个二级指标。语言建构与运用主要指"以写带读，以说带听，从模仿逐步走向创作，鼓励学生撰写日志"；思维发展与提升主要指"单元教学和整体学习，通过语言辩论，发展和提升思维品质"；审美鉴赏与创造主要指"欣赏和体验语言文学的美感，鼓励学生逐步由童话阅读转向历史阅读"；文化传承与理解主要指"重视文学故事中的仁、智、勇的文化价值观，把友善作为小学生的首要价值观"。兴发教学分成"课堂阅读、课堂辩论、课堂演练、课堂回音"四个部分。课堂阅读主要指"学生自己阅读课本，重视先学后教，异步学习"；课堂辩论主要指"课堂辩论和小组讨论，发展批判性思维"；课堂演练主要指"课堂练习或课堂戏剧、课堂游戏,及时反馈并矫正,强化教学评一致性,鼓励学生由答题者变成命题者";课堂回音主要指"重复和归纳,追问或征询,补充或反驳"。

表3-1 基于学科核心素养的兴发教学评价表(语文)

一级指标	二级指标	三级指标	等级
学科核心素养	语言与构建	以写带读,以说带听,从模仿逐步走向创作,鼓励学生撰写日志	
	思维发展与提升	单元教学和整体学习。通过语言辩论,发展和提升思维品质	
	审美鉴赏与创造	欣赏和体验语言文学的美感,鼓励学生逐步从童话阅读转向历史阅读	
	文化传承与理解	重视文学故事中的仁、智、勇的文化价值观,把友善作为小学生的首要价值观	
兴发教学	课堂阅读	学生自己阅读课本,重视先学后教,异步学习	
	课堂辩论	课堂辩论和小组讨论,发展批判性思维	
	课堂演练	课堂练习或课堂戏剧、课堂游戏,及时反馈并矫正,强化教学评一致性,鼓励学生由答题者变命成题者	
	课堂回音	重复或归纳;追问或征询;补充或反驳	

4. 教师个人教学诊断的基本框架。首先需要听评课的老师清楚课前诊断、课堂观察和课后诊断的要求。课前诊断的一级维度是"教学设计与适应性"。二级维度包括"学习内容是否体现了学科的关键概念或能力""学习目标的动词是否准确界定了学生的认知""学习活动是否有效支持学习目标达成""评估活动是否有效检测学习目标达成"四个方面。课堂观察的一级维度是任务分配。二级维度包括"分组观察"和"白描过程"。课后诊断的一级维度是"学习活动的有效性和评估活动的有效性"。二级维度包括"评估活动是否目标清晰,指向性明确""评估活动是否展现学生的思维过程""评估活动是否具有针对性,有效检测目标达成"三个方面。

(1) 课前诊断。教学设计是对学习目标、支持学习目标达成的学习活动和检测学习目标达成的评估的预设,对教学实施具有重要的指导意义。学习目标规定了学生会发生什么预期的变化,包括规定学生的学习内容、认知程度，因此，对学习目标的诊断可以从两个方面分析。第一，学习内容应该体现本学科的关键概念或能力。"学科关键概念或能力掌握得越牢固，理解得越透彻，越有助于建立起纲目清楚的知识体系，促进技能的迁移与运用"。关键概念和能力指向学生的思维发展，有利于促进学生知识的理解和迁移。对于学科关键概念和能力的诊断应该基于课程标准和教材，提炼出贯穿该学科的关键概念，也可以从具体的知识点、学生的认知难点出发，依据课程标准、单元目标，寻找学科的关键概念。第二，学习目标应该准确界定学生的认知。教师明确相应的学习内容后，需要具体描述学生应该如何应用所学知识。根据布鲁姆教育目标分类，学习目标有六个步骤，分别是记忆、理解、应用、分析、评价、创造。基于确定的学习目标，诊断学习活动是否有效支持目标达成，以及评估活动是否能够有效检测目标达成。通过诊断，教师发现教学设计的问题，提出相应的建议，明确学习目标，设计相应的学习活动和评估活动。

（2）课堂观察。教学实施过程是帮助学生达成学习目标的过程，是教师创造教学环境、引发学生学习并对学生的学习结果进行检测的过程。因此，课堂观察主要运用白描或现代技术，对课堂教学的过程进行记录，收集资料。对课堂教学的记录应该关注教学过程中师生的互动过程，并进行全面客观的记录，从而为课后诊断提供有效支持，而不是只关注教学流程，还原课堂面貌。听评课教师应选择不同的维度，从不同视角观察，提前作好准备，进行更有针对性的观察，从而提高观察的实效性。教师可以选择从学习活动与学习目标的适合度、评估活动和学习目标的适合度进行观察。课堂观察需要关注课堂教学中引发冲突的地方，记录冲突的片段。在实际教学过程中，往往存在与预设相冲突的地方，这些冲突是课堂观察需要特别关注的。教师在观察中要重点记录这些冲突，可以是教学设计和教学实施的冲突，也可以是教学过程和观察者自己观念的冲突，这些冲突的地方往往是课后诊断需要思考、讨论和突破的地方，也是澄清问题、重构课堂、深化认识的机会。

（3）课后诊断。课后诊断是教学诊断的重要环节，诊断教师根据课堂观察的事实，需要做好以下几方面的工作：诊断课堂教学的特色与问题；基于分析框架，分析教学经验和问题成因；提出优化课堂教学的建议，包括经验推广的建议和问题改进的建议。学习活动的任务设计应该是清晰的，清晰的任务对学生有明确的指示性，学生知道自己应该做什么、怎么做，应该有清晰的目标。同时，学习活动应该聚焦大任务。教师根据学科的关键概念和能力，对知识点进行整合，形成大任务，实现了教学由关注具体知识点到指向学生思维发展的转变，有效避免了教学的碎片化，实现了学生对所学内容的整体认识。

最后在这里介绍一本关于学校诊断的书。这本书是北京师范大学李凌艳教授和她的"E智慧"团队撰写的《学校诊断》，该书以学校管理实践常常面对却不一定自知的问题为引子，以"学校体检"为比喻，从学校为什么需要诊断，学校诊断要"诊"什么，学校诊断应由谁来实施，如何有效开展学校诊断，以及如何使用结果以诊促改等，以阐释、举例并重的文字，将学校诊断的功能、导向、性质、内容和方法等做了详尽的论述。书中涉及的学校诊断模型及协同合作机制、常态化流程、大数据分析和挖掘模型等，对改进学校管理实践、提升校长领导力、促进学生全面成长和教师专业化发展尤为有用，真实地再现了一条适合我国国情、具有中国特色的学校诊断之路。

书中建立了一个以学生发展为核心的学校自我诊断体系，包括同伴、教师、教学、课程、资源、组织与领导、文化、安全这八个要素。基于学生发展的学校自我诊断是一种内需式的自我评估，流程上是一个由持续性、周期性形成的螺旋式上升的闭环。诊断结果一旦形成，也就意味着下一阶段的改进目标、工作内容同时确立。每一次"诊断前准备—诊断数据采集与分析—诊断结果形成"这一小循环的结束，即是下一轮改进及再诊断的开始。如此循环往复，诊断—改进—再诊断—再改进，实现螺旋式上升。学校自我诊断的意义不仅在于摸清现状、发现问题，更具有共识形成、理念引领的前瞻性和引导性。自我诊断的指标和内容，既是学校检核既往努力成效的标准，更是引领教职工进一步改进和提升的方向和目标。比如，"教师"要素的核心诊断内容为"教师是否真正陪伴学生快乐成长、指导学生有效学习"。对这一内容观测点的确定是对"教师学习、理解如何做学生成长的陪伴者和学习的引导者"的具体引领。

北京市十一学校李希贵校长跟李凌艳教授运用学校诊断技术，对学校各方面的发展进行一个循环往复的诊断，使学校不断正向发展，所以它是高品质学校建设螺旋式上升的助力器。所以我认为，该书是每一位致力于学校改革的校长必看必学的。

每一所学校都接受过市、镇（街道）组织的办学水平评估，此类评估跟诊断是两回事。评估是看学校的办学水平到了哪里，诊断是知道学校存在的缺点，同时也要共同构建学校改进的指导方案，使学校能够朝着正确的方向快速发展。就像前面讲的，本校现在基础比较薄弱，但是通过学校诊断，学校明确了发展的方向，获取了改进的动力，学校将会办得更加有品位，能够在社会上享有更高的满意度。

专题二 高品质学校建设之"法"

第四讲　学校组织结构变革

随着工业化社会向信息化社会转变,多元智能与多元发展理念的更新,学校昔日的组织结构已不能适应教育发展的需要,难以培养出与我们的教育理念相吻合的人才。各校校长都纷纷尝试去打破僵化的组织形式,设计并运行适应学生真实生活环境的学校教育环境。

一、组织结构概述

如何成事成人,其结果跟校长学识、胆识和治理学校的水平有很大关系。很多有见识的校长,为提高组织效率,在自身的职权范围内思考通过管理结构的变革,以助力学校的高质量发展。学校组织结构变革包括体制结构、管理结构、教师结构、课程结构、课堂结构、技术结构、评价结构等的变革。管理结构变革研究是一件极有意义的事情。

(一)组织概述

1. 组织的概念。组织是由若干人和群体组成的,有共同目标和社会边界的社会实体。包括三层意思：一是组织必须以人为中心，把人财物合理配合为一体，并保持相对稳定从而形成一个社会实体。二是组织必须有本组织全体成员所认可并为之奋斗的共同目标。三是组织必须保持一个明确的边界，以区别于其他组织和外部的组织。

2. 组织的基本要素。第一是前提要素——人，由两个或两个以上的人组成。第二是基本要素——共同目标，是组织有目的和存在的理由。第三是载体要素——结构，由部门、岗位、职责、从属关系构成。第四是维持要素——管理，为实现目的，需有一套计划、控制措施。比如，某校由课程部、学生部、教师部、校务部、发展部组成，规定了组织和协调的流程，各部门以计划执行、监督控制为手段，保证目标的实现。

3. 组织的基本类型。一是正式组织，一般是指组织中体现组织目标所规定的成员之间职责的组织体系，具有目的性、效率性和约束性等特点。比如各级各类学校、各个事业单位、注册的公司，它们都有正式、正规的备案。二是非正式组织，一般是在共同的工作中产生，具有共同情感的团体，具有自发性、规范性的特点。比如教育督导学会、专业委员会等。

（二）关于组织结构

1. 组织结构概述

组织结构是组织的全体成员为实现组织目标，在管理中进行分工协作，在职务范围、责任、权利方面所形成的结构体系。设计组织结构的目的是更有效、更合理地把成员组织起来，即将一个个组织成员为组织贡献的力量有效地形成组织的合力，让他们有可能为实现组织的目标而协同努力。组织结构设计的结果是组织结构图以及部门职责说明。对于学校来讲，组织结构重点突出职责分明，无论学校规模的大小，职责分明有助于高效地履行部门的相关职能，完成学校发展所要完成的任务。组织结构设计的目的就是为了更好地提升办学业绩，实现办学目标。学校规模大小决定组织结构的简繁。组织结构设计的目的是为实现办学愿景、办学目标提供有力、有效的组织合力，明确每一个结构点应该做什么、做得如何以及对谁负责。

2. 组织结构的本质

组织结构的本质是为实现战略目标而采取的一种分工协作体系。高效率的组织结构设计应考虑七个关键特征：识别关键活动、工作专门化、部门化、命令链、管理跨度、集权与分权、标准化。

因为学校工作千头万绪、纷繁复杂，任何人都无法独自承担学校的所有工作，所以必须对学校工作进行分工并实现专门化、部门化，建立指挥系统，根据部门职能赋予一定的权力，进行规范化管理以实现管理目标。

管理学家孔茨认为：组织结构的设计应当职责分明，使每个人都知道应该做些什么，谁对什么成果负责；应能够排除由于工作分配的混乱和多变所造成的故障；并能提供反映和支持组织目标的决策沟通网络。由此可见，学校管理者在设计学校组织结构时应考虑六个方面的因素：专门化、部门化、指挥系统、控制幅度、集权与分权、正规化。

我们知道，碳元素的排列有多种形式，由于排列结构不同，形成最软或最硬的物质，目前最软的物质是写字用的铅笔，最坚硬的物质是钻石。它表明了结构决定稳定性，结构决定强度。南京市教育科学研究所原副所长沈曙虹认为，学校组织结构是学校为了有效实现战略目标，以不同的任务和利益为依据，把人力、物力等按一定的形式有序、有效地组合起来开展活动的模式。

3. 组织结构的基本类型

一般来说，它主要包括直线型、职能型、直线—职能型、事业部型、矩阵型、流程型和网格型。

（1）直线型。它是最早也是最简单的一种学校组织结构类型。直线型结构的特点是组织中的职务按垂直系统直线排列，组织中每个人只向一个直接上级报告。其优点是结构简单，上下级关系明确，责任分明，联系简捷。其缺点是在组织规模较大的情况下，所有的管理职能都由一人承担，是难以应付的。故这种组织结构模式简单，统一指挥、集中领导，适用于规模较小的学校。比如500人左右的学校。

（2）职能型。职能型学校组织是强调专业化领导的学校组织，在学校管理层中设教务处、政教处、少先队等职能机构，各职能机构各司其职，地位平等。在其职能范围内，不仅可以直接指挥下级单位的工作，而且可以指挥、监督同级其他职能机构的工作。这种学校组织的一个突出问题：基层组织受到来自不同职能部门的多重指挥，这种多重指挥难免会出现冲突。

（3）直线—职能型。这种组织结构综合了直线型学校组织系统指挥和职能型学校组织发挥专业部门优势进行管理的优点。它与职能型组织的不同之处在于，职能部门无权直接向下级单位发号施令，只能对其进行业务指导，下级单位最终听从直线部门的直接领导。直线—职能型学校组织保留了职能式结构管理分工和专业化的优点，又吸收了直线型结构集中统一指挥的优点，因而管理系统完善，隶属关系分明，权责清楚，故是比较好的组织结构形式。我在担任校长时，也是从这个角度来考虑设置学校的组织结构。

（4）事业部型。这是一种典型的用分权形式来管理学校的组织形式。这种组织形式有利于调动各事业部的办学积极性，为各事业部培养全面的学校管理人才；但各事业部存在重复设置管理机构和人员的情况，造成学校管理成本增加，同时易滋生本位主义，忽视学校的整体利益。事业部型学校组织适用于规模较大、有复合教学业务的或有别的地区教学业务的学校。比如虎门东方小学，是一个集团学校，有两个校区。两个校区是不是都要设立教导处、德育处、少先队大队？如果在一个法人的情况下，两个学校同时设立相应的部门，就会牵涉到隶属的问题、工作步调统一问题，以及绩效考核与奖惩等问题，因此只能设事业部。

（5）矩阵型。矩阵型学校组织是在大型组织中，为克服缺乏横向沟通的弊病，把管理中的垂直联系和水平联系集权化与分权化有机地结合起来而设计的。在这种结构中，纵向设有指挥部——职能领导关系，横向设有项目——目标协调关系，各职能部门的垂直系统和各项目的水平系统组成一个纵横交错的矩阵。矩阵型学校组织的不足之处是，对下属可能形成双重领导，使之难以适从。我国大学和规模较大的中小学，很多都采用这种组织形式。

（6）流程型。陈少杰在他的《组织结构演变——解码组织变革底层逻辑》一书中谈到流程型和网络型组织。他认为流程型是利益相关者价值形态下的组织结构形式，团队创新力为学校创造主要价值，学校的创新能力体现在团队创新力中，精英退出历史舞台。不同的团队展现出不同的创新力，对应社会分散与多变的家长需求。在工业 3.0 时代，最佳教育模式是"生态"，是一种只有相互依存才能共同繁盛的教育系统。流程型组织结构中，团队是教育创新的主体，团队的创造力越强，学校的价值创造能力就越强。①

（7）网络型。它是利益相关者价值形态下的组织结构形式，组织人格力为学校创造主要价值，教育的创新能力体现在每个个体中，所有人为教育创造无差别价值。如何让个体发挥创造力？答案是依托于组织的信仰与使命，它们将共同构成组织的人格力。到工业 4.0 时代，最佳教育模式

---

① 杨少杰. 组织结构演变：解码组织变革底层逻辑［M］. 北京：中国法制出版社，2020.

是"价值"，教育的价值创造能力越独特，就越容易和客户需求对接，教育要想发展，就必须承载某种独特的价值创造能力。在网络型结构中，所有利益相关者都能体现价值。

在从职能型结构迈向流程型结构的过程中，将会出现一个中间组织结构形式——矩阵型结构，创新将在矩阵型结构中孕育，在流程型结构中成熟。

4. 组织结构常见的一些问题

一是管理层次过多，这是结构不当的最常见和最严重的症状。二是组织问题的重复发生，表明了把"典型职能"或"参谋与直线"这些传统的"组织原则"不加思考地加以应用。正确的解决办法是做出正确的分析——关键活动分析、贡献分析、决策分析和关系分析。如果一个组织问题再三地重复发生，那就不能用在纸上改画组织图这样的机械方法来处理了。它表明缺乏思考，缺乏明确性，缺乏理解。三是组织机构使关键人员的注意力放在不恰当的、不相关的次要问题上，它表明缺乏思考、缺乏明确性、缺乏理解。组织应该使人员的注意力集中在重大决策、关键活动、绩效与成果上。四是有太多的人参加太多的会，这就表明职务未予以明确界定、机构不够健全、责任不够分明。此外，会议过多，还表明或者是根本没有进行决策分析和关系分析，或者是并没有把这些分析付之应用。应对的措施是，应该把召集许多人在一起来完成事情的情况减少到最小限度。五是如果人们总在关心人的感情问题，或者其他人喜欢什么或不喜欢什么，那就不是一个有着良好人际关系的组织。良好的人际关系正如良好的行为方式一样，是出于自然的。如果经常担心与别人的感情问题，那段令人不舒服的感情对双方来说可能就是最坏的人际关系。六是如果一个组织依赖于"协调员""助手"或其他不担任实务的人，也是结构不当的一种症状。七是作为"慢性病"的"组织脑炎后遗症"。如果组织结构没有抓住基本要点，就会发生"组织脑炎后遗症"。特别是当一个企业在规模大小或复杂程度上，或企业的目标和战略上发生了重大变化，而企业又没有进行重新思考和重新改组时，就会发生"组织脑炎后遗症"。

5. 我国中小学最常见的组织结构

从行政的角度，校长下面有若干个副校长，包括行政副校长、教学副校长、德育副校长、后勤副校长。行政副校长的下面有办公室，负责各种各样的评优评先。教学副校长下面有教导处、教研组、科任老师。德育副校长下面有政教处、年级组、班主任、班长、副班长、班委组长、学生。后勤副校长下面有总务处及各个职能小组。从党务工作来看，党支部（或党委）书记下面有不同的党支部、党小组、团委和团支部、工会及工会委员。这是一种常见的组织结构，是直线型的组织结构。

从我国普通中小学的实践来看，之所以学校职位的排列组合方式以机械组织形式为主，直接的原因在于领导者与管理者、管理者与教师、教师与教师之间形成的过于简单或机械的关系，即领导者命令管理者、管理者监督教师、教师与教师之间相互竞争。为此，中小学重构学校组织的一个关键就是要改变这种关系，将领导者与管理者之间命令的关系转变为决策与辅助决策的关系，将管理者与教师之间监督的关系改变为规划与创生的关系，将教师与教师之间竞争的关系改变为合作与配合的关系。

6. 中小学组织结构变革的趋势：从科层制到扁平化

科层制是德国社会学家马克斯·韦伯（Max Weber）提出的社会组织内部职位分层、权力分等、分科设层、各司其职的组织结构形式及管理方式。部门绩效奖励，是给予部门的绩效奖励，不是给予个体；组织结构变革要注重的是每一个团队的建设；强调各司其职的组织结构形式以及管理的方式。科层制的主要特征是整个学校要形成一定的凝聚力。第一，内部分工且每一个成员的权利和责任都有明确规定。校长应该注重的是团队建设，所以要给予部门绩效奖励。第二，职称分等，下级接受上级指挥。第三，组织成员都具备各专业技术资格而被选中。第四，管理人员是专职的公职人员，而不是该校的所有者。第五，组织内部有严格的规定、纪律，并毫无例外地普遍适用。第六，组织内部排除私人感情，成员间的关系只是工作关系。所以学校的组织建构变革，需要对原有科层制组织结构进行改良，向组织发挥应有功能的要素转变。

我国现行的学校行政组织，借鉴了韦伯的科层制组织结构理论，是一种学校权力依职能和职位进行分工和分层，以规则为学校管理主体的组织体系和管理方式。

相对于科层制组织结构，扁平化组织结构层级少，管理幅度大，职能权限大，管理变得相对复杂。一般而言，扁平化的组织结构模式分为三级，即决策层（校长为主的小组）—协调层（主任和年级组长、科组长组成的小组）—执行层（教师、学生）。在规模较小的学校则采用主任兼任组长的形式直接面对学生和教师。组织结构对于任何单位而言，都是不可或缺的。但不良的组织结构会严重伤害组织绩效，要求组织进行变革。

将科层制组织结构这种企业式组织结构直接运用于学校组织构架中，存在机构重叠、管理层级过多、人治高于法治的弊端。学校按照科层制组织原则，全部职位分成校长、副校长、处长、科室主任、教师、学生干部等若干等级，构成学校内部完备的层级节制系统。学校管理人员与教职员工、学生之间的控制与被控制关系完全建立在职位关系之上。

栾曦在他的《科层制的层级结构对学校管理的负面影响及其改进》一文中提出，"学校的人员都绑定在自己有限的职位上，每个人都从自己完成任务的角度考虑，盲目追求高效，却不能达到组织的有机结合"[1]，从而导致权力集中、等级森严、责任回避等问题，束缚了教师的专业发展，造成教师与行政管理人员的冲突、教育内涵的偏离、学校发展的内生机制受到抑制，学校的需要不能得到及时满足，教育资源不能得到最有效的利用。

张娜在她的《论科层制改革与学校自主发展》一文中提出，科层制组织结构"自身的权力扩张机制和目标置换功能，使其过度干预学校内部管理，而上下级之间的信息扭曲和不畅，使科层制行政管理部门不能全方位了解学校的信息，造成管理不到位或管理错位现象，使学校组织运转低效"[2]。

7.组织结构变革的重要意义

一是有利于功能的完善，实现战略落地；二是有利于人才的整合，释放资源能量；三是有利于管理的提升，提高组织绩效；四是有利于人才的培养，支撑教育发展。

二、学校组织重构

组织结构重构是基于学校规模的大小来决定的。结构决定功能，理念决定结构。一所学校的组织结构既折射出学校的管理理念，也反映了学校的价值追求。学校内部组织结构的设计，是一所学校的办学思想、文化价

---

[1] 栾曦.科层制的层级结构对学校管理的负面影响及其改进[J].现代教育科学，2010（4）：38-39.

[2] 张娜.论科层制改革与学校自主发展[J].教育发展研究，2006（16）：65-68.

值的隐性表达，也是以教师、学生、家长为代表的各种办学力量在学校组织设计中的直接呈现。

（一）组织变革的三个阶段

库尔特·卢因（又称为库尔特·勒温 Kult Lewin）指出，组织变革的过程包括解冻→变革→再冻结三个阶段。解冻阶段是改革前的心理准备阶段。组织在解冻期间的中心任务是改变员工原有的观念和态度，组织必须通过积极的引导，激励员工更新观念、接受改革并参与其中。变革阶段是变革过程中的行为转换阶段。组织要把激发起来的改革热情转化为改革的行为，关键是要能运用一些策略和技巧减少对变革的抵制，进一步调动员工参与变革的积极性，使变革成为全体员工的共同事业。再冻结阶段是变革后的行为强化阶段，其目的是要能通过对变革驱动力和约束力的平衡，使新的组织状态保持相对的稳定。

（二）组织结构变革的程序

有些校长很想改变所在学校当前的组织结构，有时候就拍脑袋想希望自己学校的组织结构是什么样的。曾经有一位新校长问我说："刘教授，我要在自己的学校设立教师发展中心，其他的不变，就单独设一个教师发展中心。"我问他为什么。他说："现在教师发展工作相当重要，学校要有一个专门的部门负责这项工作。"我说："这个问题不大，我觉得你的想法很好，设立教师发展中心对学校教师的专业成长很有帮助，你可以尝试一下。但是你要注意，这项工作原来是由哪个部门负责的？现在设立一个新部门，那么新旧两个部门之间是否会发生矛盾，如人员安排、事务分工等，人与事会不会有重叠，要想清楚。如果你理清了各方面的关系，你设一个新的部门，设两个新的部门问题都不大。结合学校规模和时代变化，需要统筹考虑到这个部门对学校组织功能的发挥、实现组织目标有什么样的帮助。学校应尽量避免'打补丁'式的机构设置。"

第一，学校组织结构变革的程序一般是先分析内外部环境的现状和变化，寻找组织变革的必要性。刚才讲的这个案例，这个校长说设立一个教师发展中心，是有必要的。但这是否可行，要分析。第二，进行活动分析和归类，进行职能设计。就像刚才讲的教师发展中心，由哪个部门来落实，它具有什么样的职能，要想清楚。每一类型的工作都需要专业、专门的部门或人来分管，比如课程教学、班主任及家校工作、课题研究、人事等，部门、干部原来分管的与新设立的中心不要有冲突，要进行归类、分工。第三，对信息沟通方式进行设计。新设的教师发展中心直接由哪个校级领导负责？怎样收集和发布信息，特别是其重要性和功能的发挥？第四，设计组织结构的框架，确立管理层次、部门、岗位和职责。第五，进行管理规范和制度的设计。第六，选择和配备人员，并进行培训。第七，组织运行和修正。经过这七个组织变革的程序，就会感觉到学校组织结构在解冻阶段到变革阶段，最后到再冻结阶段就形成了一个稳定的学校组织结构。在学校组织结构变革之前，要思考这些问题：我为什么要变革？我怎么样变革？在变革的过程中会遇到什么问题？如果校长进行了系统的分析，在组织运行中就尽可能避免组织类型所带来的问题。

（三）组织结构变革案例介绍

案例一：

表 4-1　江苏省苏州工业园区第六中学组织结构变革的名称以及职能调整的方案

原机构名称	改建机构名称	主要职能
办公室	校务管理中心	办理校领导交办的工作、政务督查和决策督办、行政事务及相关接待、公共关系建设、文秘工作、档案管理、人事劳责管理、协调学校各职能部门与年级的工作、会议安排等
教务处	课程教务中心	课程规划与实施管理、校本课程开发、课堂提升指导、教学日常工作管理、考试考务管理、教研组管理、市区教研活动安排、教学事故处理、教学进度与质量监督、各年级业务交流协调、师生教辅资料管理、专用教室与阅览室管理等
德育处	学生指导中心	"学生指导"（学业指导、发展方向与就业指导、道德指导、个人水平指导、性格指导、社会性和公民性指导、闲暇生活指导、保健指导等）、学生常规管理、班主任管理、学生团体管理、招生与毕业工作、军训与社会实践管理、家长学校、安全保卫工作、学生寝室管理、指导和监督年级德育常规管理、各年级交流协调等
教科室	教师发展中心	教育科研管理、人力资源管理、师德管理、教师素质模型运作、教师培训、教师职业生涯规划指导、竞赛和科普工作管理、各级部的交流协调等
总务处	后勤服务中心	校产管理、师生生活服务、物业管理、修建工作管理、校园清洁卫生管理、其他后勤工作管理，协助进行学生管理等
督导室	督导室	原有职能不变，增加对各年级组的交流协调

原来的办公室改为校务管理中心，原来的教务处改为课程教务中心，原来的德育处改成学生指导中心，教科室改为教师发展中心，总务处改为后勤服务中心，督导室不变。主要职能也进行了详细的分工，说明各个部门具体负责哪些工作。从原来的机构名称变为新的机构名称，这个改变的过程中，将有些部门的职能再进行分配，再进行新的业务组合，使专业的人管专业的事情，专业的部门负责某一块专业的事情。学校教育的功能以及为社会服务的职能也进行了调整。

案例二：

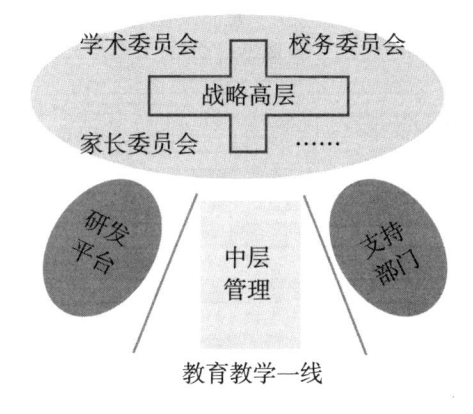

图4-1 郑中国际学校小学部的扁平化组织结构

郑中国际学校强调每个人、每个部门找准自己的定位，同时打破部门之间的壁垒，以协同化治理让郑中国际学校"脱胎换骨"。如开展双向竞聘，分四个层级进行，解决组织变革后"人"与"岗位"的问题；"找客户"，确定每一级服务客户，以及相应的岗位职责、评价标准、评价方式等，构建横向的链接；共同规划，通过全校老师参与规划，让校长要做的事情变成老师自己愿意做的事情，把学校的规划变成老师们觉得应该做的事情；走动管理，描述现象和情境，由现象入手，找到背后的问题，从而有针对性地寻找策略。郑中国际学校把行政权威与学术权威放在同等位置上，有利于加强学术组织的力量，体现了民主和平等。妥善处理好行政与学术的关系，有利于进一步成人、成事。

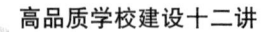

案例三：

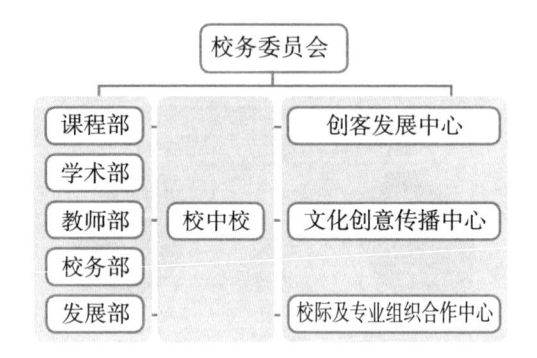

图 4-2　北京市海淀区中关村第三小学的矩阵组织结构

中关村三小从空间"变形"到组织变革的学校创新之路，基于班组群和校中校，搭建了规划指导评估系统、组织与实施系统相协调的矩阵管理架构。

（四）结构功能主义理论有关"组织"的基本观点——以某小学为例

1. 基本理论

结构功能主义的"结构"是指系统中具有自身独特属性的各成分之间的相互联系、相互作用的方式或顺序；而"功能"是指结构内部的各种成分与外部相互作用所表现出来的特性和职能。其核心概念是"功能"。

"功能主义"概念是由人类学家马林诺夫斯基（Malinowski）提出的，他在《文化论》中论述了人类学研究中的功能主义视角。美国结构功能主义理论专家塔尔科特·帕森斯（Talcott Parsons）认为，功能是维持社会均衡的有用的适应活动，是控制体系内结构与过程之运行的条件；社会是具有一定结构或组织化手段的系统，社会的各组成部分以有序的方式相互关联,并对社会整体发挥着必要的功能。在研究组织时,帕森斯认为组织的恰当分类是由作为局部的组织在系统中实施的功能类型决定的,但不能因此忽视组织内部不同结构层次所存在的功能分化。组织具有其整体功能的一致性,同时又存在不同层次的功能分化。功能分化是指各种社会组织都面临适应(A)、目标(G)、整合(I)、维模(L)四个基本功能的问题,如何解决上述四个基本问题,在他看来可以把组织分为决策阶层、管理阶层和技术阶层三个层次。

在技术阶层,组织从外界获得材料、设施和其他资源,为社会或其他组织或系统层次提供"技术"贡献;管理阶层,在政治、经济、教育等不同领域的"让渡—获取"功能各有不同,如政治领域的投入是社会成员对政治系统的"服从"或"合作",其产出则是"承担领导责任";在决策阶层,组织的主要"让渡"功能是"促进管理阶层所在的较高级的系统的整合",在获取功能方面主要指组织的财政责任,即负责获取足以实施组织功能的资源以及制订或调整有关工作能力的种类和数量的政策。这三个层次的联结关系很好地解释了科层制直线权威结构中的质裂问题。

我们尝试从帕森斯理论的功能角度来分析中小学,一线教师、教研组和年级组都是教育教学的直接参与者,属于技术阶层;教导处、德育处、总务处是组织教职工做好具体事情的部门,属于管理阶层;校长室负责牵头制订学校发展战略和为实现战略目标拟定相关政策,属于决策阶层。这三个层次就很好地解决了权力的纵向分配的问题。而权力自上而下地横向分配,则需要专业部门之间的互相配合、互相协调,采取"专门化、部门化、指挥系统、管理跨度、集权与分权、规范化"的策略,并结合"绩效计划、绩效沟通、绩效评价和绩效改进四位一体的绩效管理制度"来解决。

然而,帕森斯的功能主义过于强调社会结构对个人的制约作用,缺乏对社会变迁的关注,对个人的能动性则不够关注。

2.学校管理组织变革的取向

（1）基于"功能—要素"理论的学校组织结构设想

根据帕森斯的组织观点，学校把原来的科层制组织结构，变为"功能—要素"结构。校长室下按照教育的四个基本要素（教育者、受教育者、教育内容和教育手段）设立四个中心，各中心下直接是一线教职工。这种"一室四中心"（校长室与课程中心、教师中心、学生中心、资源中心）的组合结构，在处理具体事务中，教研组、年级组、课题组、保障组人员可以交互，在不同的工作种类中属于不同的组。由于职业层次上的技术专家可能既是管理组织的成员，又是管理组织底下的技术系统的成员，专家是一个或多个专家集体的成员，这可谓独具一格。这些专家共享一种跨管理组织和专业技术组织结构的权限，可以跨越专业组织边界，实现临时重组，他们既属于管理层次也属于技术层次，但都必须以专业团队管理为主进行。这样既简化了学校组织管理的层级，又解决了直线权威的单一连锁出现了质裂的问题，从而更有效地提高学校组织的运转效率。

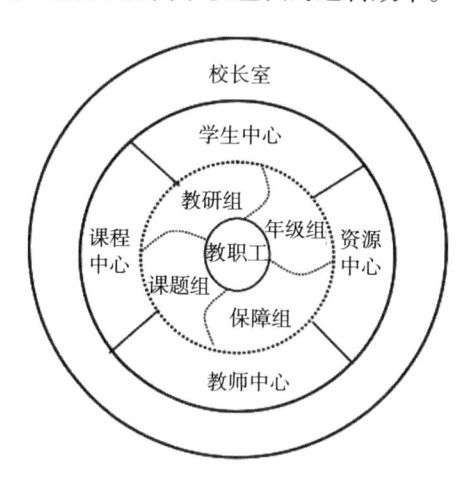

图4-3 基于"功能—要素"理论的学校组织结构设想

（2）"功能—要素"组织结构的理论构建

在结构功能主义理论框架下，关照教育的基本要素，对学校的组织结构进行相应的调整，形成以专业人员为主做出重大决策并进行管理的结构，加强专业研究、专业引领、专业推动的组织支持，以更好地发挥每一个基本要素的最大效力，共同服务于学校的发展战略，实现学校更大发展的共同愿景。以中心管理为主进行团队管理的结构，能够增强各专业团队内教师主动发展的内动力和原动力。

表 4-2　学校治理结构

第一层次	校长室（设校长助理一名）			
第二层次	教师中心	课程中心	学生中心（含少先队）	资源中心
第三层次	一线教师	学科教师	班主任、辅导员	专业教师工勤人员

学校的治理结构要关照人的发展，这也是一切教育要素必须体现的精神。在表4-2中，校长室直接把教师和学生放在第二层次，更加关照到教师的职业尊严和学生的发展可能，教师中心关照教师的专业成长，学生中心关照学生品行习得和家庭教育资源的整合，资源中心关照全体师生的生活保障和秩序。需要特别强调的是，课程中心根据本校学生发展的需要，研究课程改革、推动新课程的全面实施和设计校本课程，把知识、技能和文化融为一体，以形成课程特色，为学生有选择地健康成长提供内容支撑。

（3）"功能—要素"理论下部门职责的分解

表 4-3　"功能—要素"理论下部门职责的分解

部门	职责与工作范围	责任人
校长室	主持学校全面工作、学校规划、财务、人事、师德，制度拟定、工作协调	校长
	协助工会建设、填写各种报表、协助校务	校长助理
课程中心	执行、管理"三级课程"，教学常规与质量监控，教务与考务，开发校本课程	中心主任
	课程文化、学科体系、学科特色建设、学科竞赛、教学基本功、学科资料	教研组

续表

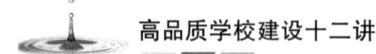

部门	职责与工作范围	责任人
教师中心	教师培训与拓展、专业成长跟踪、课题指导与成果推广、职称评聘、团队建设和心理辅导、学术交流、教代会及教师文化建设	中心主任
	业余文体活动	专业教师
学生中心	班队建设，学生品行教育，学籍管理，家长学校及家委会建设，学生心理、安全、伤害事故处理，课外实践与拓展、社团管理、学生成长档案建设	中心主任
资源中心	教学环境维护、养护，场室与设备管理，工勤人员培训，校园安全，办公与教学用品采购	中心主任
	校园"三化"、网络、网站、电教、器材维护	专业人员

（4）组织结构的运行管理

结构的调整就会影响对应的个体行为方式，调整的实质是管理权力的强度和范围的变化。根据"一室四中心"的组织结构，给每个部门划分具体工作范围，明确部门的职责，以保证正常的教育教学秩序，形成新的组织文化。一是明确部门首长负责制。我们根据学校的发展规划，召集管理者与被管理者确定共同目标，把总目标转化为中心（或部门）目标，管理者通过目标，对所属部门和每个成员进行管理。我们把权力下移，并给予适度的自治，规定每个中心的主任作为日常管理和完成目标的第一责任人，以保证日常管理和完成相关工作的成效，并通过调查、预测、决策、计划、组织、指挥、指导、协调、教育、激励、监督、检查、考核、评定、分析、总结等管理的环节来检验管理的成效。二是灵活使用矩阵结构。组织结构变革后的四个中心职能发生了转变，每个中心都是一个专业共同体，各中心都需要主动思考和规划自己的专业发展工作，对部门的工作负责。如果涉及不同中心、不同组别的大型项目，我们先指定一个中心负责人，再运用矩阵结构来解决问题。矩阵组织结构是在一个机构之机能式组织形态下，为某种特别任务，另外成立专案小组负责，此专案小组与原组织配合，在形态上有行列交叉之势。

（5）组织结构变革的保障措施

制度是一个正式组织必不可少的连接纽带，制度对组织的发展起到了规范和约束的作用。制度与组织的关联性可以概括为：一方面，组织是制度发挥作用的基本单元和载体，即制度通过组织来体现；另一方面，为了维持现代组织的生存和运作，需要进行制度化的安排，这些安排能够使得各种行为得到规范和稳定的发展。

有了良好的组织架构，还必须根据学校发展战略制订促进教师、学生充分、全面发展的制度，这些制度关注具体的教与学的过程，关注好学生、好教师、好学校的评价标准，关注教师和学生对学校管理的民主参与，以规范和引导每一个师生员工的行为，保证师生员工的使命感和责任心，维护和增进学校组织变革的效果。在制订、学习围绕新组织结构运行的常规制度外，学校可以采取以下激励和保障措施。

一是开展教代会问责。教职工代表大会是行使民主管理权力的群众性组织，具有建议权、审议权、评议权、决议权、否决权和监督权。学校的各项工作必须有教代会的民主参与，才能保证上下畅通、里应外合。学校每月利用教代会的民主监督职能，结合组织变革的核心内容、学校工作行事历内容来对校长的工作、各中心的工作进行质询，该由谁来负责或承担相应的责任就由谁限期整改和完成，把事件的过程与结果形成文字记录，并反馈到相应的部门和存档，到学期结束时作为考评、绩效奖金分配和组织变革过程中修订制度的重要依据。

二是推行干部述职。由于学校的管理干部是根据学校自主发展的战略需要、在组织结构变革下产生的，需要进行组织文化重塑，引导教导全体教职工树立积极、向上、崇高的文化价值观，在道德上进行自我约束、摆脱功利的束缚，实现自身的超越。要想更加客观地反映干部的工作业绩，学校可以采取一年两次的干部述职会议。每个学期期末，干部对照职责范围、工作分工和计划，向全体教师述职。这样就很好地促使了干部对一定时期内的工作进行反思和小结，同时也提高了干部在组织变革下宏观思考问题、解决问题的能力，更好地落实了执行力。

三是进行民主测评。根据干部述职的情况，在教代会的组织下，全体教师对各岗位的干部进行不记名的测评打分，教代会成员将打分的结果算出平均分，并当场公布每个干部的得分。这样就避免了暗箱操作，对每一个干部是公平、公正、公开的，既是对优秀干部的肯定和表扬，也是对工作不够出色的干部的鞭策。对于有特殊情况的干部，校长在此过程中结合学校发展规划、工作侧重点向全体教师说明情况，不袒护任何一个干部，全体教师给每一个干部评分选出若干名优秀干部，按照学校奖惩方案提请学校进行表彰。对工作成效较差的干部提出整改意见，其出现的差错作为下一学年是否继续聘用的重要指标。另外，学校根据组织运行和常规运行情况，不定期设置问卷调查，特别是向学校中的非正式组织加强沟通，了解学校组织变革过程中出现的协调或管理问题、组织变革推进中的突出矛盾，以检测学校宏观管理和常规管理效果，并为下一步决策、工作调整和制度提升提供参考。同时也增强老师对参与学校发展与管理的主人翁意识，以汇聚民意、缓和矛盾、提高效能。

四是给予部门绩效奖励。根据学校工作计划、部门工作业绩（含部门优秀教师的业绩比重）和教代会测评结果，在制订绩效奖励制度的时候，重点考虑奖励表现突出的团队；而对先进或优秀个人的奖励，重点指向课堂教学和教师、学生的发展，观察课堂中的实质性变化——以教师善教、学生乐学为价值取向。推荐优秀教师的方法是采取各部门按比例、绩效比重推荐名额，"一室四中心"综合的形式进行公平、公正、公开评奖。

五是推行职称评聘分离。职称评聘的执行是根据编制部门制订的编制标准，学校按照规定的比例进行聘任的。根据上级教育主管部门的相关制度和各级别教师的编制数,制订评与聘的实施方案,实行每年一小评、三年一终评,并根据三年的总评结果来聘用相应级别职称教师的评聘分离措施。

新的学校组织结构既能达到对原有科层制组织结构的改良,也实现了"功能—要素"的转变。学校组织能够在追求管理的理性、效率、法治的同时,理顺原来学校组织与教育要素之间的关系,优化资源配置,实现管理幅度与管理层级的变化,达到优化组合的目的,充分发挥全校成员的主体意识和创新精神。实现组织内各方权责的明确界定和落实,发展独具风格的学校文化,全面提高办学效能和教学质量,实现学校组织自身的可持续和发展。

组织的变革具有自身的规律,如果不能了解并掌握这些规律,我们在组织的设计和调整上,就很容易掉进无所适从的"打补丁式"的误区之中。组织变革是根据时代变化、人员增多、业务增加等因素,为更好地激发人的潜能、提高管理的效率、高效实现组织目标而出现的。组织变革的最终目的是希望通过对学校组织结构、权利和文化的变革,使学校组织形成一种有利于教师专业发展的支持性文化,让学校真正成为师生共同成长的地方。

一个好的变革启动,就是要让组织中的每个人清楚"我们要到哪里去""我们是否愿意同行"的价值确认。

第五讲　学校制度建设

学校管理制度这一讲主要包括：制度与学校制度、现代学校制度及健全学校管理制度。三方面的内容是一个认知的整体，我们从概念的内涵与外延去了解制度的属性与变化，有利于理解新时代的学校制度建设。

一、制度与学校制度

新提拔上来的校长，很大的概率是接手一所新办的学校，因为习惯上是"教而优则仕""研而优则仕"或"管而优则仕"。新校长应清楚学校治理的过程，新学校到成熟的优质学校，必然经历"校长治校（能人治校）"到"制度治校（规范办学）"再到"文化治校（特色办学）"。

第一个阶段是能人治校。一般情况下，一个好学校必然有一个优秀的校长，一个优秀的校长肯定会打造一个优质的学校。这句话看起来有点绝对，并不是说一个优秀的校长就肯定能打造一个优质的学校，因为受很多因素影响。如果是城里的优秀校长到乡村学校担任校长，不一定能干得出与城里相同的成绩；优秀的乡村学校校长到城里担任校长，也不一定能干得出好成绩。名校与名校长之间不能随意画等号。所以任何事情都要一分为二来看待。普遍的情况下，能人治校靠的是天时、地利、人和，以及当时校长的勇气和激情，这是第一个阶段。

第二个阶段是制度治校，是法治的阶段。法治能够提升学校治理的公共性，能够帮助能人校长减负和赋能。校长要先做"减法"再做"加法"，才能让自己忠于初心，致力于学校的内涵式发展。这一阶段校长需要从学校管理的角度确立学校规范，保障学校各个领域规范运作，营造风清气正的学校管理氛围，以促进学校管理目标的实现。这也是一个新任的校长到有经验的校长，再到成熟的校长的发展历程。

第三个阶段是文化治校，也是特色办学。经过前两个阶段的发展，学校文化已经根植于每一位师生员工的心中，他们能够自觉去践行。文化治校让教育生活更有品位，让师生成长更加幸福，也让学校发展更加有力。文化治校可以让校长走向"无为而治"。

校长需要深度分析本校的治理目前属于哪一个阶段，自己的治校水平达到哪一个阶段。

（一）制度的概念

"制"是指制约和控制，"度"是指限度。"制度"一词，在我国古代是法令礼俗的总称，也指规定、用法。制度有广义和狭义之分。广义的制度是指在一定条件下形成的政治、经济、文化等方面的体系，也叫体制，如政治制度、经济制度、社会主义制度、资本主义制度等。狭义的制度是指一个系统或单位制定的要求下属全体成员共同遵守的办事规程或行动准则，如工作制度、财务制度、作息制度、教学制度等。

一般认为，制度是用来协调、规范人类言论、行为的社会规范、法律规章、组织机构的总称，是规范化了的秩序。制度也包含了未成文的但对人们有约束力的风俗习惯、规则、组织机构、治理结构等。前一个专题介绍了学校组织结构，其实组织结构是组织制度的一部分，是学校制度体系建设中最重要的一环。本专题中的"现代学校制度建设"内容，主要是介绍现代学校制度如何促进高品质学校的建设。

（二）制度的本质

一个角度看，首先，制度是以执行力为保障的。如果制度制定之后没有执行，或者是在执行过程中没有检查和反馈，这样的制度就没有任何意义。校长们要清楚，制度是用来执行的，制度是用来保障学校办学目标得以实现的，制度是用来检验学校工作落实情况的，制度是用来使师生员工的潜能得到发挥的。每一个人在制度面前享受公平公正，能够按照既定的目标奋勇前进。其次，制度是交易协调保障机制。如果大家遵守了这个制度，那么制度给大家赋予了什么样的权利与义务呢？我认为应该是一种公平交易。最后，制度指导交易中主体间利益分配和交易费用分摊。这是一个落实机制，意味着在职权范围能干什么、不能干什么，能享受什么、不能享受什么。

另一个角度看，制度是指在一定历史条件下政治、经济、文化、利益分配等方面的规则体系，是一种要求社会成员共同遵守的特殊形态的思想成果。乡村的乡约乡规也是统治阶级意志的体现，为了约束或控制社会上的"不良风俗"，使社会达到和谐共进的一种行为准则。

制度不应该是约束和制约，为达到目标而制定的标准和行为规范，而应该是人类的意识形态，更应该是一种观念或价值观。其本质是促使人类自由发展。一个国家、企业、组织、集体、团队，只要有共同的价值观和共同的发展目标，那中间的自由、协作会更好地促进事物的发展。

（三）学校制度

学校是根据人类社会的需要，有目的、有计划、有组织地对人进行培养教育的社会组织。现代学校是根据工业社会、知识社会及知识社会以后的社会发展的需要，有目的、有计划、有组织地对人进行培养教育的学习型社会组织。

学校制度是社会制度中的一小部分。所以学校制度是在社会制度的大环境、大框架下的一种专有制度，是学校内部管理的一个游戏规则。广义的学校制度，是指国家制定的教育目的、教育方针、教育经费控制、教育行政组织系统及有组织的教学和教育的机构体系。狭义的学校制度指的是学制，是各级各类学校系统，它规定了各级各类学校的性质、任务、入学条件、学习年限及其互相之间的关系。

（四）学校管理

学校管理必须跟学校制度紧密相连，离开了学校制度，就不可能有好的管理。彼德·德鲁克（Peter F. Drucker）有一句话值得玩味："管理的本质就是最大限度地激发和释放他人的善意。"管理的全部努力是使人不断向好。同时，我们也要认识到，差的制度大概率会让好人变坏，但是有了好的制度，就一定能令坏人变好吗？这是不现实的。再好的制度都不可能是绝对完美的、"包治百病"的。把学校管理以及学校制度建设融合在一起来看，学校管理是学校管理者在一定的社会环境条件下遵循教育规律，采用一定的手段和措施，带领和引导师生员工，充分利用校内外的资源和条件，有效实现工作目标而进行的一种组织活动。管理学理论告诉我们，学校管理是一种组织活动，包含了三个基本的要素：管理者、被管理者和管理手段。

学校的管理者主要是指学校的正副校长以及各个职能部门的负责人员，实际上也包括学校的教职员工。学校的管理手段主要包括学校的组织机构和规章制度。组织机构在前一讲讨论过，比如从校长到各个中心，再到一线的老师以及学生，形成了科层制组织或者是矩阵型组织，等等。前面也了解到学校组织结构的七种类型，制订学校管理制度就需要根据学校组织结构的类型、岗位的职责以及学校组织需要达到的目标管理学校进行调整或重构，以促进学校组织目标以及管理目标的实现。从管理学的原理来看，学校每一位师生员工也是被管理者，只是分工、权限不同而已。

（五）学校管理制度

学校管理制度是学校教育管理者通过一定的方式方法和规章制度，采用有效的手段和措施，组织和带领全体师生员工进行正常的教学活动，抓好学校教育工作，有效实现学校工作目标的组织活动。良好的学校管理制度是一套完整的制度体系，它能够促进学生、教职工协调和可持续发展。学校管理不仅是建立健全制度的过程，也是执行落实制度的过程。只有狠抓落实，增强制度的执行力，才能真正做到有章可循，有据可依，实现学校管理工作的科学化、规范化。

（六）学校管理制度建设的目的

学校制度建设的目的是"上好每一节课，带好每一个班，办好每一所学校"。如何上好每一节课——需做好教学管理和教学研究；如何带好每一个班——需抓好日常行为规范、道德品质的管理；如何办好每一所学校——实质是成事成人。因此，需要构建好三大体系，即高质量教学体系、高质量班级管理体系、高质量办学体系。具体做法有以下三方面。

1.研制卓越教师共进方案，包括学科理解、学科教育、教学主张、教学风格、教学名师。

2. 构建名优班主任发展共同体，做到五育并举、家校融合、班社共进、个性张扬。

3. 实施高品质学校建设工程：①体系化的建设，包括学校校长、教师、学生发展的整体、系统的设计与实施；②结构化建设，包括对课程、教学、活动、校园、管理进行分类研究，形成大主题和大任务；③特色化建设，根据地方优质教育资源、学校办学经验、新教育技术、学段教育特点形成自身的风格和特色。

二、现代学校制度

学校管理的三大支柱，一是制度，二是管理，三是文化。这是从低到高、三个层次的变化。制度包括两方面的内容：一是行为准则，即应该做什么、不应该做什么；二是工作标准，即应该怎样做，包括岗位作业标准及业务流程。前者是强制性的，后者是指导性的，两者应当互相配合，相辅相成。管理是指控制和指导。控制是指主管人员依照办学目标、制度、标准和程序对师生员工的工作进行安排和监控，使他们的工作在预期的范围内进行运作，以期达成工作目标。指导包括两方面的含义，一是指导部属怎样正确地执行标准规范以及提高员工的工作技能，二是例外事务的调整与指导。文化是学校的灵魂，它凝聚了全校师生共同的价值观、共同的信念、共同的愿景、共同的努力方向。因此，学校文化起着统领的作用、规范的作用、激励的作用、熔炉的作用。学校文化包括学校的精神文化、制度文化、校园物质文化、师生行为习俗文化等。

从中国传统文化的角度来看，基层干部应多一点"法家"思想，中层干部应多一点"儒家"思想，高层干部应多一点"道家"思想。这实际上是将法、儒、道三者有机融合，跨越制度管理、情感管理、文化管理的三层境界。学校管理需要以儒为本、法为用、道为基，打造出建章立制、依法治校，人文关怀、以德立校，道法自然、文化强校的高品质学校管理模式。

（一）现代学校制度的内容

现在学校制度的建设，可依据2012年11月22日教育部颁发的《全面推进依法治校实施纲要》精神，在学校管理中深入贯彻科学发展观，全面落实依法治国的要求，大力推进依法建设现代学校制度。现代学校制度建设是依法治校的基本要求，需要学校依法制定具有自身特色的治校指导规范；现代学校制度建设应反映学校的本质和特性。从这两个角度来看，现代学校制度应该包括学校章程和学校制度。其中学校制度又可以分为核心制度和外围制度两部分。因此完整的现代学校制度体系应该包括学校章程、核心制度和外围制度三个部分。

学校章程

学校制度
外围制度：
教育资金、学校产权、后勤管理、社区参与、教育问责等制度

核心制度：
教学制度、考试制度、评价制度、教研制度、培训制度、校长负责制、岗位责任制、教职工代表大会制度

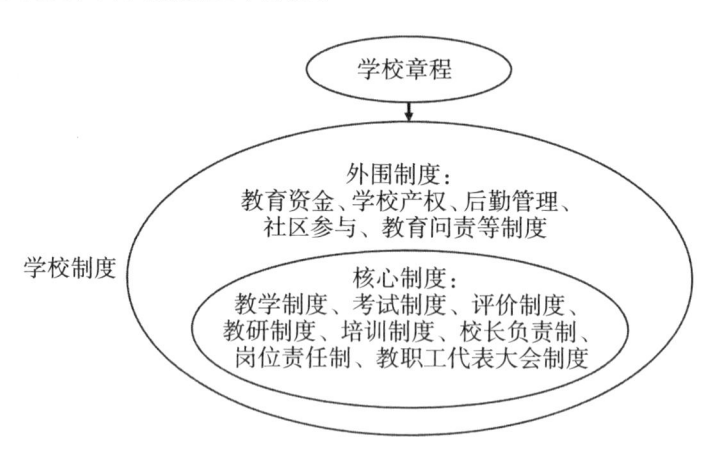

图5-1 现代学校制度体系

从图5-1可以看出，学校章程是顶层的，这是学校的根本大法，类似于宪法是我们国家一切法律法规制定的依据。学校制度包含外围制度和核

心制度。外围制度包括资金的使用、产权的归属、后勤的管理、社区的参与以及教育问责等。核心制度是指学校内部的制度，就是校长们经常接触到的、用到的，如何管理学校的一些制度，如教学制度、考试制度、评价制度、教研制度、培训制度、校长负责制、岗位责任制、教职工代表大会制度等。

从现代学校制度的整个框架来看，可归纳为十六字方针：依法治校，自主管理，民主监督，社会参与。

依法治校指的是学校的各种办学行为，要以法律为依据，用法治思维和法治方式实施，一切在法律的框架内行事，这同时也是政府监督管理的基础。

自主管理是指学校自主办学，自主决策，自主管理，自主承担相应的责任和义务。以校长为代表的管理层在学校章程的框架下，积极主动地去运营学校。现在教育督导制度也新出台了关于校长任期的督导，规定了三年或者是五年的任期。通过督导，使校长完成任期目标的相关任务，并将考核的结果作为是否连任、是否交流、是否不再聘任的依据。因此，校长要依据已有政策文件的要求对标对表，规划好学校的发展和自身的专业成长，做到每年或者是每个学期对各个层次的教育教学、管理都有具体的目标和要求。

民主监督是指学校制定章程或者是关系师生权益的重要规章制度，要经过民主公开的程序，广泛征求校内外利益相关方的意见，加强议事协商，完善基层民主制度，切实通过教职工代表大会、校务委员会等组织保障师生的知情权、参与权、表达权和监督权。如果校长能够将民主监督运用好，校长管理学校就会相对轻松点。如果民主监督没有用好，校长存有一点私心或者滥用职权的话，就会搞得校长很被动。而且，慢慢地，校长的权威就会消失，与教职工的关系会越来越疏远，学校管理会越来越不顺，更不可能实现高质量发展。

社会参与是指充分整合资源以帮助学校提升管理的效益和教育的效益。学校要加强与社区的合作，完善与社区及有关企事业组织合作、共建的机制。学校不能脱离社会，因为学校处于社会制度以及社会的大环境下。在这种大环境下，学校才得以生存发展。一个组织不能完全脱离社会，但是学校教育也希望在制度、在文化、在学校的日常管理方面能够略高于社会，这是办学的追求。这样才能对社会发展起到至关重要的作用，保持与社会的协调发展，甚至能够推动社会的发展，否则就会变成社会推动学校发展，社会强迫学校发展。

（二）现代学校制度的分类

第一，按照作用于学校内部的领域、方面，根据承担的责任可分成不同类型：①用来确认法人地位和法人作用的制度；②资产管理制度；③人事管理和人力资源开发制度；④财务管理制度；⑤教学和教务管理制度；⑥教研和科研管理制度；⑦总务和后勤方面的制度；⑧社团建设制度；⑨学校文化、价值观方面的制度；⑩家校协作；等等。就学校内部管理制度而言，可大致分为四个板块：一是构建共同愿景、培养团队精神的制度，这是理念文化方面的内容；二是规范师生行为、提高教育教学质量的制度，这是教学管理方面的内容；三是落实法人治理、加强民主管理的制度；四是改革评价考核、激励创新进取的制度。

第二，按照现代学校制度是否成文、其正式程度的不同作为标准，分为两类：一是成文的现代学校制度，又称为正式的现代学校制度；二是未成文的学校管理制度，又称为非正式的现代学校制度。正式的是显性的，非正式的是隐性的。比如，很多学校建立了许多有相同兴趣爱好的工会组织，如篮球协会、羽毛球协会、瑜伽协会等，需要什么时候举行活动，大家几个人约好就可以参加，也没有强迫性要求参加活动，这是一种非正式的制度；很多学校成立了文学院、新闻学院、外语学院、某某研究院等，这些学院或者专门的组织机构要配套相应的制度，要有具体的目标任务以及相关的行为规范，这是一种正式的制度。

第三，按照不同的分类标准从外延的角度分割现代学校制度体系，分为不同类型，如教学管理制度、校园环境管理制度、生活行为管理制度、社会实践制度。

教学管理制度是学校组织教学、实现教学目标的依据，是整个学校制度的中心内容。教学管理制度主要有学生学籍管理制度，如入学、考核、升留降级、转学、休复停学、退学、毕业等；与教学相关的奖励与处分条例，如奖学金制度、学位管理规定、体育工作条例、政治学习制度等。对于教师有工作考核制度、职称评定制度、政治学习制度、教研室活动制度等。有些针对学生制定的管理制度也同样适用于教师。正是由于有这一系列的教学管理制度，学校的教学工作才能正常开展。

校园环境管理制度包括学生宿舍管理制度、教室管理制度、校园卫生制度等，这些制度主要是为了保证校园环境的优美整洁，它适用于校园内的所有人员。

生活行为管理制度主要是指日常生活的管理制度、作息制度、涉外管理制度，以及从行为角度制定的学生行为准则、教师行为规范等。除了有关教学、公共环境方面的内容外，还涉及学生道德品质、人际关系等方面的内容，规定比较具体。

社会实践制度包括社会调查、军事训练等几个主要方面。社会实践是我国教育富有特色且不可缺少的一个环节。社会调查旨在使学生广泛、深入地接触社会，了解国情，增强能力，而军事训练则更有助于学生思想观念的改造和意志品质的锻炼。

必须强调的是，这些制度必须互相之间有关联，形成一个整体。如果制度与制度之间是完全独立的，没有为了学校共同的发展目标服务，那么这些制度就会产生冲突，有可能会带来很多工作扯皮的情况。一个成熟的学校制度体系，便是在一所学校整体框架下，以学校的章程作为根本的出发点，各种制度之间能够共同为学校的目标、阶段的目标或者是某一个阶段的具体项目，集中人力、物力、财力共同把事情办好。

（三）现代学校制度拟解决的问题

首先要解决的是有中国教育特色的问题，这是在中国教育改革和发展中迫切需要解决的现实问题，比如乡村教育与城市教育之间的不协调、不均衡的问题；乡村学校之间教育教学设施设备、生源以及家庭教育等方面不够协调均衡的问题；就城市教育而言，有城中村学校、政策优势学校、比较发达的高新区学校，几种类型学校的设施设备、生源、教师力量等的差异也带来教育不均衡的问题。这些是普遍存在的问题。如何用现代学校制度来解决当前的重大问题或者现实问题，需要教育管理者先领会现代学校制度的精神实质，大胆去思考、探索、检验。

其次要解决的是事关全局的，光靠学校自身努力难以得到普遍解决的问题，这种问题只能是制度环境问题。比如当前需要与社会协调教育资源，有些学校尝试医教合一，就是医疗系统与教育系统协调。有些校长针对学生的生理健康问题、心理卫生问题，想方设法与医院建立联系，目的就是共享医疗和教育的资源，把学校相关的卫生问题、学生身心健康问题进行整合，达到共享共治的目的。还有些学校跟文化部门合作，因为教育本身就是文化大框架下的一种特殊的活动，如果教育跟文化合作，形成文教合一，有利于整合优质的文化资源，比如非物质文化资源、文化场馆资源。也有些是跟科技相结合的，探索科教合一，把周边的高新企业或者是科技馆之类的资源与学校教育相融合。现在新课程标准倡导大学科、跨学科项目学习等，在现代学校制度指引下，需要校长们主动去整合优质教育资源，建立与周边单位、组织协调的长效机制。

最后要解决的是教育研究主题的问题。很多老师、校长，只盯着学校内部管理的问题、教学的问题，或者是人事的问题，其实这些问题可能有外在的因素，也有现时解决不了的因素，这是客观存在的。要用现代学校制度引导教育工作者去研究这些问题，还需要在实践中大胆尝试，积累更多的破解经验，以点带面地推动现代学校制度的不断完善。

（四）现代学校制度建设的依据

一是教育法律法规、现代教育基本理论、新课程标准要求和地方教育主管部门的相关规定。比如教育部颁发的《义务教育学校管理标准》文件，包括保障学生平等权益、促进学生全面发展、引领教师专业进步、提升教育教学水平、营造和谐美丽环境、建设现代学校制度等6大管理职责、22项管理任务、88条具体内容。学校要以《义务教育学校管理标准》中的相关要求来厘定学校的办学目标、办学理念，并对照这些标准来制订或修订学校制度。借鉴兄弟学校的管理制度时，要考虑是否与其在相同的背景、相同的环境、相同的基础的情况下。反之，则意味着可能会使学校管理更加混乱。

二是依据学校章程。结合学校实际情况，在办学理念的框架下，将学校精神等彰显学校特色文化的元素融入制度中，把制度升华为共同的价值追求，并润物无声地内化为师生的自觉行为。章程是学校的根本大法，是制订所有制度的基础。学校内部的所有管理制度都必须在学校章程的框架下制订，所有的制度都指向质量提升、特色构建和品牌塑造。因此，校长要反思自己的学校制度，它与办学特色有什么关系，它能否凝聚师生员工的心，能否真正用制度激发每一位师生员工的潜能，如果能做到，说明学校内部的制度是有效的，不是一种摆设。

三是依据时代的发展和教育技术的进步。学校制度的整理和修订，必须有全体成员参与，以保障广大师生员工的根本利益。如果校长只是叫某一个部门的领导去制订一种制度或者照抄从别的学校拿来的制度，就有可能不符合校内广大师生群众的根本利益。现代教育技术是改进工作效率、提高效益和教学质量的重要手段，对学校制度的修订极其重要。

（五）现代学校制度建设的原则

第一，学校管理制度需要整体构建，避免制度之间的不协调。

第二，制度要简化，流程要细化，标准要量化。虽然有些标准是难以量化的，但是学校可以用写实性的材料来支撑制度得以实现。

第三，让教职工参与制定规则，认同第一，执行第二。也就是说，无论是校长主导下制定的制度还是部门主导下制订的制度，一定需要执行制度的人认同。如果执行制度的人不认同，制定的制度有可能会适得其反。因此，目标与制度不一致，会使工作离目标越来越远，而如果制度没有被师生员工认可，他们可能就不会认真执行，更不可能产生好的效果。

第四，制度要硬，文化要软，双管齐下。硬性的制度，讲的是原则，讲的是规则；软性的文化，是人的情感态度价值观，是以人的发展为本，这是建立现代学校制度的出发点。教育应当看到人的进步，要看到事情向好的方面变化，而不是一味追责，或者是一味对没有执行制度产生绝对的负面情绪，造成不良的影响。制度虽然要硬，但是需要文化的柔性，做到双管齐下。

第五，制度不仅在于建设，更在于执行、检查与激励。

第六，制度就是激发人性向善的力量。好的制度不一定把人培养好，但可能影响或者激发人产生向上的力量。坏的制度一定会把好人变坏。很多学校有坏的制度，本来人家不想变坏，因为学校制度有漏洞，人家有空子可钻，难免有些老师特别会赚"工分"，其实是学校制度使人变坏了。校长们回去再看看自己学校的制度，它是不是可以让人家钻空子，是不是使少部分人受益、导致大部分人受累，导致大部分人心里不舒畅，工作积极性得不到发挥。

第七，制度要以激励为主，永远要奖大于罚。不要动不动一次迟到扣多少分，做错一件事情又扣多少分。我们要找迟到或者是没有完成任务背后的原因，是故意的，是能力有限，还是无法抗拒的力量造成的。

（六）现代学校制度建设的重点

一是学校的章程。有很多校长没有研制学校章程的经历，也有很多校长不知道本校的学校章程是什么，学校有没有章程好像对他来说无所谓，我认为这是作为一名校长最大的悲哀。如果一名校长不知道章程的内容，那么他大概率不知道自己拥有什么权利，应当担负什么责任。校长要想把学校带到一个新高度，需要认真研读学校章程，系统思考怎样有效利用学校章程。

二是学校发展规划。时代变化太快，每一个组织都需要结合国家政策、时代要求和本单位的发展愿景研制发展规划，每所学校也要有自己的发展规划，清楚每年工作的目标和拟突破的重点、难点。学校发展必须有指导性文件，它是考察单位领导人治理水平的依据。

三是以提高学校效能为基本价值取向的学校教育教学评价方案。它是实现学校发展的规划、每年的目标或者学校特色建设品牌塑造的催化剂。好的评价机制能激发人的潜能，工作会事半功倍；不好的评价机制，会让我们的工作停滞不前，甚至会引起内部混乱。校长要明白教育教学工作的特殊性，过分重视当下成绩，让分数左右薪酬，容易使教师产生负面情绪。

四是学校文化发展战略设计书（或学校形象设计书、学校文化战略实施方案），这是学校文化的外显。我们常常看到，资历浅的校长考虑的是哪里需要维修，哪里需要布置，哪里需要花花草草或者是标语这些表面工程。但是根据学校的特色建设或品牌塑造计划来看，我认为，校长更应该考虑布置的标语，新栽种的花草树木，新建的小景点、小景观，是否值得建设、是否能体现学校内在的一种精神、一种风格。学校形象设计要与学校整体相吻合，让学生和家长从校园设计中看到我们的学习娱乐氛围，从中感受到我们的办学理念和学校的综合实力。

现代学校制度的建设需要对照学校章程来整体规划，充分考虑到教育教学工作是有特殊性的。制度建设不能过分地强调成绩，要采取各种激励措施激发每一个成员的潜能，调动他们的主观能动性，要让教职员工多想办法去成事成人。

（七）现代学校制度建设的方法

现代学校制度建设的方法有两种：第一种是制度取向的方法论，第二种是管理取向的方法论。

制度取向的方法论强调学校办学自主权的制度保障，认为现代学校制度的核心是学校的办学自主权，建设现代学校制度要解决的主要问题就是保障学校办学自主权的制度环境和制度安排问题。管理取向的方法论强调学校管理的重要性，认为无论在什么制度环境下，有效的管理都是现代学校制度的核心。因此，建设现代学校制度要解决的主要问题是学校内部管理问题，包括传统的学校管理主体和目前日益引起人们重视的与法人治理结构有关的主体。

（八）现代学校制度建设的策略

现代学校制度建设应充分考虑实用性、时代性，让制度充分发挥积极的作用。

一是依法制定学校章程。学校章程是学校内部管理的"母法"或"根本法"，是学校坚持依法办学、实行自主管理、履行公共职责的基本制度。目前，我国中小学章程建设十分滞后，大部分学校没有系统、成文的学校章程，致使在国家法律法规与学校规章制度之间缺乏有效的制度连接纽带，依法治校的理念难以渗透到学校的基本规章制度之中，这一现象亟待改变。

二是提高制度建设的质量。当前中小学管理存在的一个普遍问题是，虽然学校制定了诸多规章制度，但是很多只是形式工程，难以真正落实。学校在建设现代学校制度时，要遵循民主公开的程序，在学校内部通过各种形式，广泛征求师生员工的意见，保证其意见得到充分表达，其合理诉求和可行建议在制度内涵之中。对于已有的制度，要根据社会环境的变化和学校的发展形势及时进行修订，使制度能够与时俱进，符合现实的需要。

三是建立健全教学制度。虽然长期以来教学工作都是学校的中心工作，但是有关教学工作的制度建设仍显单薄，许多学校仍未形成例如学校培训制度、学校教研制度等规章制度，致使教学管理表现出经验性和随意性。所以，在建立现代学校制度的过程中，核心是建立健全现代教学制度，其主要的内容应当包括学校教学目标、课堂教学制度（如备课制度、教师听评课制度）、学生学习制度（如学生奖惩办法）、教师专业发展制度（如教师教研制度、教师培训制度）等。

三、健全学校管理制度

在担任校长的经历中，我对如何健全学校管理制度有比较深刻的感悟。

我认为需要不断健全学校管理制度，是因为我们发现学校管理中常常出现干部不懂如何安排工作，员工不执行或者执行不到位，不知如何指挥等问题。这与我们现在的组织结构、岗位职责的制定、有无规范的制度文本有关，特别是制度文本中常常缺乏比较完整的执行措施，如谁执行制度、按照什么样的标准和程序来执行制度，很多老师、很多干部对此很迷茫，甚至很多校长也很迷茫。

健全的学校制度能使学校管理工作步入科学化、规范化、制度化的轨道，提高各岗位员工的岗位责任意识，推动学校的高质量发展。

（一）把握现代管理的要义

在学校管理中，有一句话叫作"制度管人，流程管事，绩效评价，目标控制"。这句话实际上已经囊括了现代管理的精髓。其实在同一种制度下，按照统一的流程标准去做事，就是现代管理的基本要义。

制度是与做事好坏与奖惩多寡有关的规则。制度是防止员工做错误的事情所采取的措施和手段。制度伴随人类社会组织的产生而产生，组织约束行为的准则就是制度。对一些已经与国家现行政策不吻合、明显落后于时代的制度规范、任务要求，实践证明无法达到的指标，以及内容重复的部分，要在吃透国家和教育行政部门现行政策的基础上，快刀斩乱麻，坚决删除。学校现行的学校管理制度有很多是不错的、适宜的，但过时的管理规程以及制度条文已经没有任何作用和意义，应按照新的要求删除或修订。校长在依法治校、遵循基本教育教学与管理规律的前提下，使学校的制度与文化建设都尽可能做到因校制宜，而不是生硬、教条、僵化地进行冷冰冰的制度约束，导致学校的发展潜力、隐性资源、创新活力等得不到积极合理的激活。

流程其实就是做事的顺序，第一步做什么，第二步做什么，第三步做什么。我们在中学的时候学了一篇叫作《统筹方法》的文章，大数学家华罗庚告诉我们做事要理清先后顺序、轻重缓急。我们可以采用四个象限的方法，将事情的重要性和紧急程度进行排序，把紧急且重要的事情放在第一位，不紧急、不重要但必须做的事情安排在重要事情之后，这是做事的流程。流程顺序必须像流水一样，保持绝对的速度和方向，否则流程就会出现逆流或者是乱流，这就是效率低下的根源。

绩效评价指的就是运用一定的评价方法、量化指标以及评价标准，对于上级部门为实现其职能所确定的绩效目标、实现的程度以及为实现这一目标所安排预算的执行结果所进行的综合性评价。教师绩效评价旨在对教师教育工作行为进行测量和评价。工作成效及价值的评估，需要学校及时地将评估的时间节点和评估收集到的信息反馈给教师，以便老师做出自我调控，修正教育行为，更好地贯彻国家的教育方针和提高教育质量。

目标控制就是学校管理的过程，它是以制订目标为起点，以目标完成情况的考核为终结，对目标完成情况的考核就是业绩评价的内容。

校长要明白一件事情，给下属布置工作时要讲清楚目标、规范、流程，确保下属能执行，最终用结果来说话。我经常会听到这类事情，有些校长去开会回来，没有把会议精神、任务目标、注意事项等具体的要求跟中层干部或者是执行人讲清楚，结果执行出现偏差，或者是完全达不到校长的要求，或者是中层干部做错了，校长没有去检查，就匆匆忙忙上交。这就会导致学校上交给上级教育主管部门的材料或本校"拍脑袋"做出的很多事情，不符合学校实际情况，甚至会耽误学校发展。这种处事方式，久而久之，学校的声誉就会越来越差。这样，干部的执行力就会越来越差，很多中层干部甚至会出现反感情绪。原因在于，校长没有准确跟干部或执行人传达任务要达到什么样的要求，导致他们执行任务时出现偏差，其自尊心不断地受到打击，这是来自上面的打击；干部又往下布置工作，即在落实执行过程中，因干部自身不明白具体的要求、具体的流程是什么，老师也听不明白，不知道怎样做，老师就对中层干部有情绪，以致中层干部两头受气。大家反思一下，为什么很多中层干部不愿意做事，其实跟校长的办事风格、领导艺术和执政水平有很大的关系。

（二）强化校本管理

2002年实施新课程时，推出了校本教研、校本学习、校本管理，它是为了学校，以改进学校实践、解决学校面临的问题为导向的新机制。由校长、教师、学生自己探讨解决学校问题的方案，并在学校加以有效实施。校本管理是从学校的实际出发，挖掘学校潜力，利用学校资源，释放学校师生员工的活力，求得学校发展。这是校本管理的基本意涵。

（三）理顺内部管理机制

第一是发挥党组织的政治核心作用。《关于加强中小学校党的建设工作的意见》指出，中小学校党组织在学校中具有政治核心作用。具体来说，中小学党组织不仅全面负责学校党的思想、作风、组织、制度建设等工作，还积极参与学校重大问题的决策与实施，为学校的健康发展提供保障。中小学应把党建工作放在第一位。如果学校管理跟不上时代节拍，不按照党组织或者党委领导下的校长负责制来做，学校很难跟现在的大环境相适应。

第二是确保内部权力行使规范化，健全薄弱学校内部治理体系，就需要构建"权力制衡"的组织架构，即在落实教职工代表大会、基层党组织、学生团体组织、教学委员会等内部监督机制的基础上主动引入外部监督机制，支持家长、社区等社会人员日常性介入学校治理及重要决策之中，确保监督的有效性和科学性，防止决策失误或某一方权力的过度膨胀，尤其要加强对校长权力的制约与监督。这是现代学校制度的精髓，也是时代发展的基本要求。

第三是搭建"三位一体"的教育治理机制。《教育部关于建立中小学幼儿园家长委员会的指导意见》强调,应重视家长委员会的作用,并将其纳入现代学校制度建设之中。同时,要加强与社区关心下一代委员会、妇联、团组织的联系,形成共管共建的合力。

好的制度包括以下几个方面:第一,能够激发个体更加积极并富有创造灵感;第二,能够促进团队合作及减少分歧;第三,能为师生提高服务体验度;第四,能够控制风险;第五,对学校办学目标的实现有所帮助。从学校内部管理的机制来看,要用国家相关的法规和政策作为导向,使学校管理的机制更加优化。管理者要铭记,执行力是好制度的灵魂,好制度在于执行。

(四)学校管理制度的优化

第一是制度的修改调整。对制度的修改调整,既是教职工参与学校制度管理的体现,有助于增强制度本身的可行性,也是对制度的学习与了解,有利于增强执行制度的自觉性和有效性。大家可能看过一个小故事,讲的是分粥,罗尔斯罗列了五种分粥法。方法一:拟定一人负责分粥事宜。很快大家就发现这个人为自己分的粥最多,于是换了人,结果总是主持分粥的人碗里的粥最多最好。结论:权力导致腐败,绝对的权力导致绝对腐败。方法二:大家轮流主持分粥,每人一天。虽然看起来平等了,但是每个人在一周中只有一天吃得饱且有剩余,其余6天都饥饿难耐。结论:资源浪费。……方法五:每人轮流值日分粥,但是分粥的人最后一个领粥。结果是每次7只碗里的粥都一样多,就像科学仪器量过的一样。"分粥理论"告诉我们:"先进适用而高效化、公平公正而民主化、奖惩分明而激励化"的制度,是搞好内部管理的基础,学校需要根据自身实际来建立这样的制度。例如在"双减"的背景下，有些学校在制订教师考勤制度时，经过讨论，反复修改，体现了现代学校的"法德并治"，使之有职业规范和人文关怀，产生激励作用，最终在教代会上全体通过。也就是说修改调整制度时，要充分考虑到时代的现实性，不能完全按照学校既往制定的制度来执行，而是要因时而变，与时俱进。

第二是制度的归类合并，原来太多太乱的制度要按照一定的系统进行整合。以某个学校为例，该校有14项教学与研究制度，其中教学流程2项、备课制度3项、教研制度4项、作业制度4项、科研管理1项，内容重复、相似、相关。为此，学校将其合并为《××小学教学与研究管理制度》，其中包括"教学计划管理、教学内容管理、教学过程管理、教学考核管理、教学质量管理、教学研究管理"六大方面，并根据需要附上建议与指导意见等。这里强调了制度一定要附上实施的建议或者指导意见。如果制度没有任何指引，也没有任何建议，那么这个制度很难让其他人看得明白，导致他们不知道怎样去执行。

第三是制度的补充新立。学校制度要根据新时代、新形势、新要求和特色建设来制订。比如上海市华滨小学结合学校课改的实际，在学校原有制度的基础上，补充以下制度：在德育方面有《教师承诺书》《为人师表，三思而行——华小教工30自问》《关于教师寒暑假下社区活动的几点建议》《关于班级文化建设的几点意见》《学生成长德行教育的分年段要求》等；在管理方面有《党支部保证监督学校民主管理的制度》《教职工代表大会制度》《校务公开制度》《工作问责制》《科研课题管理办法》《校社联动"学习共同体"议事会章程》《"兼职校长轮值"制度》等；在评价方面有《"新基础教育"课堂教学评价制度》《阳光教师评价方案》《合作型教研组评价指标》《"优秀工作法"命名制度》《华坪小学"和乐学习共同体"评价方案》等。

第五讲 学校制度建设

现在"五项管理"制度出台了，根据学校现行的教学管理制度，可以考虑与《中小学生守则》融合在一起，也就是说，学生的日常行为管理、良好行为习惯的养成，应该根据"五项管理"的要求重新来评估，进行有机的整合。不知道校长们有没有主动去想、主动去做，用新形势下的制度来引领师生的教与学的行为。比如校务会议制度的制订，第一，要有使用说明，本制度是为了什么，要达到什么目的，即为了进一步健全校务委员会集体领导制度和民主集中制度的原则，加强和改善校务委员会的领导，保证决策的民主化、科学化，提高办事水平和办事效率，制定本制度；第二，列举校务会议制度的具体内容；第三，列举校务会议的议事原则；第四，列举校务会议的议事程序；第五，列举校务会议议事的要求。这样制定的制度让使用者一看就明白是什么、为什么、怎么做。制度修订，在于从制度管理走向文化属性的道德管理，它既是学校管理的新追求，也是建立一种新型生产关系。

前面我们提到制度管人、流程管事。把制度跟流程放在一起，再加上相关的要求和评价标准，就形成了科学的管理规范，叫新学校内部管理。学校管理制度的制订，有一定的技巧，也体现校长管理的水平和学校的层次。校长在学校治理中，要重视制度的执行，要重视规范以人才培养为中心的办学行为，让大多数的教职工发挥出更大的主观能动性，让制度为成就师生、成就学校服务。

最后谈一点我自己的感悟，学校管理制度应体现"真善美"。因为学校的本职工作就是要体现教育的真善美，学校制度也要充分促进教育"真善美"的实现。制度的"真"在于能让接受管理的每一个人感受到公平正义。制度的"善"在于管住人性的恶，遏制人违纪违法的想法。制度的"美"在于挖掘人的潜能，激发人的斗志，成就人的事业，完善人的心智。我期望学校的每一位教职工能充分享受制度红利，工作体面而有尊严。校长要想办法把学校的管理变"监督、检查"为"计划、帮助",变"违规扣分"为"友好提醒",变"教师考核"为"绩效计算"。

向各位推荐两本书,一本是李希贵校长写的《学校制度改进》,另一本是东莞市名校长工作室主持人、清溪联升小学徐东亚校长所写的《普通民办小学构建现代学校制度的实践与思考》。这两本书一本是给校长做制度建设的顶层思考,另一本是实操上的借鉴。徐校长根据学校的实际编写的书,有比较高的参考价值,有机会大家可以找来阅读一下。

第六讲　学校目标管理

在中国传统文化中，老子的管理思想很值得我们借鉴。老子把领导力分成四个等级：最好的领导者，人民只知道有他的存在；次一等的，人民亲近他，并且称赞他；再次一等的，人民害怕他；再次一等的，人民轻侮他。领导者的诚信不足，人民就不信任他。最好的领导者看起来都是那么悠闲，人们认为他很少发号施令，等到大功告成，万事顺利，百姓都认为我们是自己如此的。

听说扁鹊有三兄弟，他们的医学水平、境界都很高。扁鹊治大病治难病，所以他特别有名。扁鹊的二哥，他能抓住病的苗头，让小病不会变成大病。扁鹊的大哥，他的治疗水平更高，能提高自身抵御疾病的能力。扁鹊三兄弟的故事给我们的启示是，每一位学校领导或者管理者要达到的高度就是——治未病。从传统文化中总结出来的关于学习、关于管理、关于领导的一些论断，对于今天的我们仍然有启发意义。学校人多，难免有这样那样的事情发生，校长们应尽可能考虑周全，做好预案，一开始就做好不让任何事故发生的预防措施。

上一讲讨论了学校管理三境界，第一重境界是保姆式的学校管理，就是解决问题的，这是一种人治境界，也是最低层次的；第二重境界是专业管理，就是用制度来治理；第三重境界是学校领袖，它是一种文化治理，学校管理的最高境界。管理大师德鲁克认为，并不是有了工作才有目标，相反，是有了目标才能确定工作。他认为组织内部的个体甘愿为实现组织目标而集体奉献自己的精神和力量，这是一种自我控制的能力：让每个人做出正确的贡献并且有能力进行自我评估，而不是靠外部评估与管理。理想的结果是产生奉献精神，而不仅仅是参与。他又谈到了组织既要有大目标，又能够对每一阶段、每一步骤开展有效的控制，保证目标能够高效实现。对于学校来讲，学校要有明确的办学目标，做好发展规划，并将目标进行分解，把五年、十年发展规划或者三年行动计划转化为每个部门获得成功的自觉行动，形成一个自我控制体系，从而真正朝着学校的办学愿景和既定目标前进。

一、目标管理理论

（一）目标管理理论概述

目标管理最初是由德鲁克在 1954 年出版的《管理的实践》一书中作为一种新的管理方法提出来的。它是一种以目标为导向，以人为中心，以成果为标准，而使组织和个人取得最佳业绩的现代管理方法。其依据的管理理论就是"注重自我控制，促进权力下放，强调成果第一"，其宗旨是用"自我控制的管理"代替"压制的管理"。在我接触的学校中，有的学校做了很多工作，校内各个部门也做出了很多成绩。可是，非要等到需要接受评估的时候，才匆匆忙忙地总结经验、提炼成果。这是工作的延后，总结起来肯定会有遗漏，也无法复盘。学校工作总结、成果提炼，或者说向上级汇报，是为了向社会宣传本校的工作业绩，它包含一种态度、一种管理理念和一种敬业的精神。目标管理理论告诉我们，目标管理有三层含义：①组织目标是共同商定的，不是上级下指标，下级提保证，而是由总目标决定每个部门以及每个人担负的任务、责任及应达到的分目标；②以这些总目标和分目标作为单位和个人开展活动的依据，组织的一切活动都是围绕、达到这些目标，将履行职责变为达到目标；③以目标为依据对单位和个人进行测定与评价。

现在大家回头再想一下，学校制订三年行动计划时，是否将三年行动计划的目标进行了分解，每个部门有没有自己具体的目标。比如我现在单位分管的部门，把工作目标写得相当清楚，如每一个员工在聘期中要完成哪些事情，每年要进行述职，聘期结束的时候要进行考核。考核跟职务晋升、绩效评定等完全挂钩。大学的人事管理中实行的"非升即走"制度，这是职务的竞争，现在中小学还没有采取这种非常激烈的方式来竞争职务。相对来说，很多中小学教师缺乏这种危机意识，也没有自我改变的主动性。优秀的教师应该做的是在提升自己工作业绩的同时，围绕着专业成长目标努力奋进。校长更要强化对目标管理精神本质的理解，深度思考基础教育中越来越细的学校治理问题，思考自己的学习、工作状态是否能胜任校长岗位，能否继续担任校长等问题。

（二）目标管理的层次

德鲁克认为，组织中（比如学校）的目标可分为战略性目标、策略性目标以及方案和任务三个层次，它们分别由组织中的各级管理人员和一般工作人员来制订。战略性目标是由组织中的高层管理人员来制订的，它们所涉及的是一些对于组织的成功具有关键意义的问题。战略性目标可以使组织中较低层次的工作人员了解组织取得成功的意义，激励士气。策略性目标是次一级的目标，复杂程度和层次不同。高级策略性目标由高层管理人员制订，中级和初级策略性目标分别由中层管理人员和基层管理人员制订。策略性目标对战略性目标的实现起着重要的作用。方案和任务是指一般工作人员为其本身的工作制订的目标。明白这个道理之后，校长也许就不会将发展规划、工作计划交给中层干部写，特别是交给办公室主任全面代写了。由于各层级的人掌握的信息不对称、责任不对称、能力也不对称，下级代替上级写上级的重要文件，就会缺乏高度，不全面，也没有充分考虑学校整体的实际情况，写出来的计划、总结等也就无法达到上一级部门的要求。目标管理就是每一个层级的人员必须履行好岗位所赋予的责任，所有计划、方案和重大事情的决策可以向上、向下征求意见，上下达成共识之后执行，这样目标管理才更有力、更有效。

（三）制订管理目标的步骤

管理目标的制订有七个步骤：第一步，对于"为谁培养人""培养什么人""怎样培养人"这些问题，校长要去深度解读，中层干部要去解读，班主任要解读，教师也要根据学校的整体目标，结合自己的素质以及自己的实践经验形成对整个体系的理解。第二步，制订符合 SMART 法则的目标。S 代表 specific（明确具体的），M 代表 measurable（可量化的），A 代表 attainable（可实现的），R 代表 relevant（相关联的），T 代表 time-bound（有时限的）。第三步，检验分目标是否与学校总目标一致。管理目标不单是自上而下，也要自下而上，校长要知道本校老师、干部到底能不能按照学校的办学目标来要求自己？教师或干部有没有这个能力？当前教师的信息技术水平、设施设备是否能够达到学校总目标与分目标？如果不能，校长能不能整合相关的资源，让老师跟专业人员一起学习工作必备的知识和技能。第四步，确认可能碰到的问题，以及完成目标所需的资源。

第五步，列出实现目标所需的技能和授权，授权就是校长把权力下放。校长把权力紧紧握在自己手里造成的后果是老师、学生甚至家长都很累。第六步，制订目标的时候，一定要和相关部门提前沟通。第七步，防止目标滞留在中层不往下分解。校长要督促中层与下属一起制订下一级目标。

（四）目标管理三步法

首先，制订目标，制定后就去执行。在组织中，最高层管理者确定了组织目标，接着就要对目标之间的关联性、目标本身的阶段性、目标实现的过程与结果做出预判。除此之外，还需要数据采集系统、差距检查与分析，并且提供及时激励制度的支撑。

其次，分解目标，任务、时间和考核制订要具体。制订目标的目的是为了实现。如何实现呢？将目标分解。德鲁克将分解目标视为管理者的工作，也就是说，管理者不光是制订目标、告知下属，其还必须清楚地分解目标，明确地告诉员工"你可以从这里开始""你的工作大致可以分几步完成"。进一步说，目标分解就是将单位的目标转变成各个部门及各个人的分目标，大目标变成小目标，小目标变成执行细则。

最后，考核目标，奖惩得当。不管是大目标还是小目标，时间到了必须复盘，这当然涉及奖惩。在客观地考核、评价过后，对实现目标的过程进行复盘，对取得成绩的员工进行奖励，激励他们更好地实现更多的目标。

复盘就像我们下围棋或者下象棋那种复盘，如果这一步往这个方向走，可能这一盘棋就下活了；如果走错了，可能就走不出去，承认错误，然后改变接下来的工作思路和策略。其实，总结优秀的管理经验对未来的管理是相当有帮助的。像行动研究一样，在第二轮的实践探索当中，克服前一轮的困难，寻找新的方法达到预定的目的。想取得成果或者是整体上的进步,需要进行工作小结,让实践者反思、总结、汇报,汇报完之后再进行梳理、提炼,形成一种成熟的工作模式。至此,这个阶段的任务就算已经完成了。梳理、提炼、形成观点时,要重点关注这段时间的工作有哪些方式方法或者是哪个时间段做得最有效,我们应有理有据进行逐一点评,分析哪些地方做得不够,原因在哪里,或者是通过叙事的方式讲述。这样的目标管理,可以为选拔人才、提高学校整体的管理绩效提供有益的参考。

二、学校管理目标

爱因斯坦(Albert Einstrin)认为:学校的目标应当是培养独立行动和独立思考的个人,不过他们要把为社会服务看作是自己人生的最高目标。彼得·德鲁克对管理的本质进行了精辟的阐述,他说:"管理是一种实践,其本质不在于'知'而在于'行';其验证不在于逻辑,而在于成果;其唯一权威就是成就。"对于"责任",管理人员的"责任"、员工的"责任"以及企业的"责任",德鲁克从来就是直言不讳,一针见血地指出要害。[1]

(一)学校目标管理的概念

学校目标管理是学校领导根据目标管理理论,结合学校的主客观条件,充分调动学校成员参与的积极性与创造性,共同制订出学校发展的总目标,并将目标层层分解,落实到部门与个人,明确各个部门、个人的职责,并以实现目标的绩效来评估部门、个人的贡献和决定其奖励报酬,以推动学校发展、实现学校管理目标的过程。

---

[1] 张秀军. 德鲁克管理思想精髓[M]. 北京:中国经济出版社,2019:17.

学校管理者要明确价值目标，追求秩序、效率、公平、效能，把管理做优；要夯实管理基础，做好组织、制度、文化建设，把管理做实；要优化管理流程，注重目标与评价的一致性，把管理做全；要推进现代管理，即推进科学、民主、依法管理，把管理做出境界；要抓住管理关键，提升核心竞争力，实现重点突破。

（二）学校目标管理的意义

对学校而言，目标管理的意义有：1.目标管理能促进"向前进的管理"；2.目标管理能带来"达成干劲、导向重点、集中精力"的效果；3.目标管理使"解决问题"成为可能；4.目标管理能培养能干的人；5.目标管理能把人与人之间的关系，以"连带感"联结。

对个人而言，目标管理的意义有：1.给人的行为设定明确的方向，使人充分了解每一个行为的目的；2.使自己知道什么是最重要的事，有助于合理安排时间；3.迫使自己未雨绸缪，把握今天；4.使人清晰地评估每一个行为的进展，正面检讨每一个行为的效率；5.使人在没有得到结果之前，就能"看到"结果，从而持续地产生信心、热情和动力。

（三）学校实施目标管理的依据

管理就是一种职能的运转，管理就是一种用人的技巧，管理就是一种系统的优化，管理就是一种决策的制订。简言之，管理就是用人治事。校长管理学校，最重要的就是有清晰的教育目标，要为实现教育目标服务，尽可能做到法制化、人性化、校本化、信息化。

目标管理的依据，第一是科学理论，涉及教育学、心理学、组织学、管理学。第二是教育政策和法规，特别是教育部印发的《义务教育学校管理标准》，它从保障学生平等权益、促进学生全面发展等 6 大方面，明确了学校的主要管理职责，共涉及 22 项管理任务、88 条具体内容。这是提升我国义务教育管理标准化、规范化、制度化水平的重要举措，在我国义务教育发展史上具有开创性意义。第三是学校的性质任务和学生的身心特点（即学校的教育目标或培养目标）。校长需要根据教育科学理论、国家政策进行系统思考，统筹协调，思考本学段要办成什么样的学校，培养什么样的人。第四是学校的主客观条件，即学校所在地区的特点以及学校内部条件。如农村学校跟薄弱学校有一定的区别，并不是说农村学校就是薄弱学校，农村学校也有优质学校，也可以建设成非常优质的学校。对不同地区、不同类型的学校，最重要的是知道自己的位置、特点，即定位，然后根据当地的政治、经济、文化水平进行定向。当然，校长要想办法整合优质资源，找到合适学校自身发展的路。同时，校长要竭尽全力去培养教师的学习能力、教研能力，以提高教师队伍的责任感、荣誉感和使命感。第五是校长要有系统学习的精神和毅力，有提高自己的职业素养的意识，如情怀、学识、胆识和毅力。

（四）学校管理目标的内容体系

学校是一个多因素、多结构和多层次的社会组织，学校管理目标可以从不同的角度按不同的标准进行分解。学校教学管理目标的内容可以分为一般管理目标、具体工作管理目标、学校领导工作管理目标三大部分。一般管理目标包括对人的管理目标、对物的管理目标、对财的管理目标、对时间的管理目标、对信息的管理目标等。具体工作管理目标包括学校教学工作管理目标、德育工作管理目标、体育工作管理目标、后勤工作管理目标等。学校领导工作管理目标包括搭建合理的领导班子结构，建立和健全学校管理系统，实现学校管理的科学化、民主化，培养、提高管理人员素质，等等。校长要考虑清楚学校的组织结构怎么样去架构，需要对准办学目标，从而以合理的学校组织结构去优化分工和实现办学目标。

（五）学校实施目标管理的基本步骤

学校领导和教职员工共同明确学校工作的目标，以此作为学校管理工作的起点；以目标维系学校中的各个成员、各个部门和组织，使他们在管理体系中相互合作、相互协调、相互监督；确定学校中每个成员在实现学校教育目标中的责任，并以目标作为检验和衡量各项工作的尺度。在明确目标的前提下，科学规划活动程序，推动学校各项工作开展，以成功地实现学校管理目标。

一是确立目标。确立目标需依据办学目标、学校发展规划、学科建设计划、特色培育方案、重点项目实施日程等。这是第一阶段，也是最重要的阶段。目标设置合理、明确与否，关系到后两个阶段中的具体过程管理和评估的执行。第一，预定目标；第二，分解目标，确立下级目标；第三，采用双向构建原则进行目标的分解，严格禁止自上而下的指令式方式；第四，要制订实施计划，签订目标责任书。

二是过程管理。首先是搞好指导工作。目标管理理论强调自主、自治和自觉。这不等于说领导可以放手不管。在目标实施阶段，学校各个部门、个人都在行动，必然会出现各种矛盾、问题与困惑，影响目标的实施进程。其次是搞好检查工作。目标管理实施进行到一个阶段后，有必要对实施的情况进行检查，以确定目标实施沿着正确的方向进行。学校领导要利用双方经常接触的机会和正常的信息反馈渠道及时掌握目标实施情况，做好检查工作。再次是做好控制工作。所谓控制，就是针对目标管理实施过程中出现的偏差，采取有效的措施加以控制和纠正，使工作恢复到正常状态。最后是做好调节工作。目标的实施过程，并不是一帆风顺的过程，期间会产生许多矛盾，甚至是意外情况，而这些矛盾和意外情况可能会与目标产生冲突。要使目标得到落实，就必须及时做好协调工作。健全学校管理体系，需要将指导工作、检查工作、控制工作和调节工作形成过程管理的一个系统，变成一体化的实施过程。

三是结果评估。目标的实施，最终必有结果。目标的结果是目标管理的出发点与归宿点。目标管理特别强调考核和评价，考核和评价既作为学校目标管理活动的总结，又作为向新目标挑战的开始。对目标实施情况进行评价，一方面可以使学校或个体因达到或超过预定目标得到工作上的满足感并增强向更高目标前进的信心，另一方面也为下一周期目标的设置提供依据。首先是评估标准的制订。制订评估标准要以目标管理确定的目标为依据，不能偏离原先确定的目标而另设标准，否则评估就达不到应有的要求。正确的评估标准应当是以管理目标为依据，对目标进行进一步的分解量化，制定出可操作性的标准。其次是评估内容的确定。评估的内容应以原先制定的目标为基础，力求全面。对学校各个部门、单位、个人的目标完成情况进行全方位的评估。既要看到目标完成的数量，又要看到目标完成的质量。最后是评估方法的确定。评估的方法可以有多种形式，如采用自上而下、上下结合以及自我评估等方式。比较常用的方法是自评与他评相结合的形式。常用的成果考核评价的方法有综合打分法（百分增减）、目标完成程度（比率）、评定成果等级等。评估的形式、方法可以多样，但前提是评价必须客观、公正，要让人信服，对结果要有奖罚，要起到调动成员改进学校积极性的作用。

要实现学校目标管理的科学化和民主化，校长的学习能力要跟得上，校长要努力学习、领先一步，通过持续学习和思考改变自己。在东城第五小学工作期间，我通过持续学习，构建了学校治理的"学习领导模式"，通过学习重构自己的心智模式，在组建学习共同体的过程中，引导教师系统思考学习的发展与教师个人的专业成长。每个人都有学习目标，比如学历进修、系统阅读、现代教育技术学习等，形成一个以学习为中心的发展策略。校长在学习、研究、践行方面要做到"领先一步"，在教师专业成长方面要做到"导人一程"。对青年教师，必须做好引导和指导工作，与教师共同讨论定下教师专业成长的三年目标，后面我们再检查、再控制、再调节，这是一个螺旋式上升的目标管理过程。

需要说明的是，学校目标管理需要遵循双向构建原则进行目标的分解与展开，严格禁止自上而下的指令式方式。我在做乡村教育振兴项目时，去过揭阳市榕城区的德才学校，它是一所民办学校，学校把学生的毕业标准挂在墙上，这是公开的目标，每一位进校园的人都看得见。学校有这样的自信心、透明度是难能可贵的。敢把毕业标准挂在校园明显的位置，意味着这是双向选择，说明学校的教育教学质量过硬，能够接受相关的检验。

（六）学校目标管理的基本要求

目标管理的基本要求有几个方面：目标制订要具有合理性，目标实施要具有实效性，目标考核要具有科学性，总结反馈要具有实时性。

1. 合理制订目标。合理制订目标是学校目标管理工作的基础和前提。学校目标管理工作必须依据国家教育的中长期发展战略规划（比如《中国教育现代化2035》）、学校教育事业发展五年规划、学校文化建设实施方案和学校年度重点工作，结合学校教学、科研、管理工作的实际，根据学校近年来相关工作的数据和实际情况，合理制订学校目标，充分调动学校全体教职员工的工作积极性和创造性。

2. 有效实施目标。有效实施目标是学校目标管理成功的保证。制订目标是为了实现目标，目标能否实现，实现程度如何，与目标实施的有效性休戚相关。根据学校要求，各部门要对目标管理的意图进行解读，对目标任务进行分解，并将部门（或学科）要发展的任务或具体要求传递给师生。学校层面，每学期或每一个项目完成时要开展自查工作，努力构建咨询指导有方、监控督察得力、调整纠偏及时的过程管理体系。

3. 科学考核目标。没有考核就没有管理。科学考核目标是学校目标管理成功的关键。首先，学校的考核工作有主管部门参与的业务评分，有广大师生员工参与的满意度测评，还有校领导参与的综合评价，呈现了考核主体的多元化。其次，考核指标根据年初签订的目标任务书而定，虽然考核的项目相同，但考核的具体指标各异，要尽量做到相对客观。最后，在考核上，学校应采取定量考核和多元定性测评相结合的方法，且均具有明确的考核标准和考核办法。

4. 适时反馈目标。总结反馈为学校管理层与单位、部门和个人之间提供了一个更为正式的沟通机会，有利于协助单位、部门和个人进一步了解自身工作情况，提升成绩。为提高管理的渗透力和工作效率，目标反馈要因情而适。因而，学校要及时反馈考核结果，按时兑现考核奖惩，及时指出改进方向，使目标管理这一手段更好地起到推进工作的作用。

综上可见，学校的目标管理工作是一个完整的、连续的循环系统。通过目标的逐层分解，使各单位和人员的目标与责任相结合，权力和利益得以量化，强化了自我控制的能力，能更好地使学校的总目标有序实现。目标管理在学校科学发展和长远进步中有着举足轻重的作用。在学校环境、课堂品质、科研水平、评价机制等方面也要合理制订科学的目标，在实践中进行适时的反馈。这样，学校管理目标就会基本实现。

学校管理目标的实现要保持各种目标的协调一致，组建一支高水平的学校管理队伍，建立高效率的管理组织系统，采取科学的管理方法和手段。

（七）学校实施目标管理的建议

第一是校长要有强烈的改革意识和坚强的毅力。校长做管理，关键是让人有激情，有动力。第二是校长要强化教师群体的目标意识和达标信念。包括抓好干部培训，使其制订自己的工作目标，指导、调整、认定下级的工作目标；抓好职工培训，增强教职工改革意识和强烈的达标信念，使其把现实目标转化为个人的自觉行动；强化理论学习，建立学习共同体，校长做好学习领导；做好问题研究，设立完成目标小课题，做到学、研、行相结合；及时总结经验，做到主题、目标、标准、流程、评估、成果提炼一体化。

校长做管理，关键是"管人"。"管人"不是把人管"住"管"死"，而在于让人有能力、有动力，为获得更好的发展而努力。管理不是校长一个人唱独角戏，而是分层管理，各司其职，形成合力。在日常管理中，校长要警惕角色越位、错位与缺位的现象，要充分发挥副校长、中层干部的作用。

（八）学校目标管理成果的提炼

学校管理一样要强调成果。我任名校长工作室主持人时，对校长学员有明确的要求，既然工作室要有研修的主题、有目标、有成果，那么作为学员也要有研修的主题、目标，三年也要有成果。比如，要建设高品质学校，我们的目标是什么？我们要有三年行动计划，也要有每一年的具体计划。在具体执行计划的过程中，可以采取目标责任制，然后给予初步的实施策略和弹性的工作机制。校长要有意识地与相关责任人了解部门用什么方法去解决什么问题，用什么技术提高工作的效率，用什么资源来优化整个项目，取得的成果如何扩大受益面，即受众。总的来说，学校的目标管理成果提炼，需要遵循"五个一"，即一个主题、一个目标、一套措施、一批受众、一批成果（如论文、案例、课题、竞赛奖等）。

这样，学校就可以把每一件事情做精做细，学校就可以一步一个脚印地往前发展，建设高品质学校的目标就指日可待。同时，我们也能够在成果提炼的过程中发现人才。

专题三 高品质学校建设之"术"

第七讲　教师成长之术

术者，技术、技巧，学问之基本层次。术可以分为两类：一类叫作治术，一类叫作心术。治术是应对外人的；心术则是看护自己的。心术是个人的道德修养和行为作风；治术是为人处世的技巧和谋略。显然，心术是治术的根基。心术是本质，治术是工具。

道法术器是金字塔结构的。器在底层，属于工具层面；术在器的上层，属于实际操作层面；法在术的上层，属于方法论层面，道在顶层，是本质层面。这个模型能让我们全面了解学校高品质发展所需要的各个层次的相关理论以及一些操作的方法，使高品质学校的建设有一个整体的思路，这是作为校长所需要的、做顶层设计的一种工作的方法和思维的方式。

这一讲讨论"教师专业成长之术"这个专题，分成六大方面：一是持续学习，二是把握时间，三是专业提升，四是提高效率，五是调控情绪，六是聪敏交往。这是心术和治术方面的高度融合。

一、持续学习

持续学习是突破知识和技能边界的最好方法。人的发展可以分为四个区域，核心是舒适区，外圈是恐慌区，再外圈是学习区，最外圈是成长区。舒适区指的是处于自己熟悉的地方，而且觉得一切都在自己的控制之中，对这个区域的人和事感觉到很熟悉，意味着在熟悉区绝大部分事情你可以得心应手。当你要突破舒适区，就必须进入到第二个区域，即恐慌区，它是指人在这个区域会感到忧虑、恐惧，不堪重负，在这个区域会让你缺乏自信，遇到难事总是找借口，容易受到他人观点的影响，比如在公共场所的演讲，或者从事一些极危险的极限运动。要突破舒适区到一个新的区域需要持续学习，也就意味着扩大自己的舒适区，缩小恐慌区。这时就要进入第三个区域，即学习区。学习区指的是我们很少接触甚至从未涉足的领域，一切都是新的、陌生的，在这里可以获得新的技能，充分地锻炼自我，挑战自我。比如，在学习中接触另一个专业的知识，在工作当中调换到另外一个岗位。又比如，本来很多校长在做副校长的时候负责教学或德育工作得心应手，但是做了校长之后就必须全面管理，包括教学、德育、人事、后勤等，如果没有学习，其进到一个新的区域就会产生焦虑，可能会顾此失彼。其实，一个人成长的过程就是舒适区不断扩大的过程。每次你去尝试新的挑战，你慢慢会适应新的事物，而不再紧张。

从另外一个角度来看，我们看到从舒适区步入成长区是需要一个过程的，比如我们刚才讲舒适区让人感到安全可控，恐慌区让人感觉缺乏自信。在实际的学校管理中，很难找到合适的中层干部，为什么？因为有些中层干部是从优秀老师提拔上来的，他没有通过学习或者通过相应的培训来获得该岗位的"技能"，所以他无所适从，甚至不愿意做。校长作为学校管理者的首席，要想办法让这类的中层干部快速进入高质量的学习期，学习如何去面对问题和挑战，在学习的过程中获得新的技能，不断扩大自己的舒适区。这样"新干部"就能够比较顺利地成长为适应这个岗位的人。

在学习区里，校长需要不断帮助干部或者是让自己找到归属感，承担相应的责任，赋予使命，这会使我们在这个区域找到工作的意义，追求自己的梦想，同时根据学校的发展规划以及我们自己的专业成长规划来设置个人目标，并在实际的工作中不断地完成目标。

（一）主动学习

从个人成长来看，第一，我们要主动学习突破心理的舒适区。第二是要不断分析总结，学会使用思维导图理清我们学习、工作的思路，把目标分解完之后，相对比较容易找到突破口。第三是要细化目标，列出详细的实施步骤。第四是刻意练习，即大量的机械性训练，它能使我们从生手变为熟手。第五是持续获得有效反馈。就像制订行动研究计划一样，先制订计划，然后在实施中观察、反思、小结，在第二轮的计划实施中，继续观察和反思。第六是在反思的过程中，改进不足之处，调整计划。第七是复盘。教师成长的过程是从舒适区到成长区，需要经过恐慌区、学习区来得到更好的锻炼。总之，持续学习能使我们不断挑战自己，减少恐慌，突破自己的舒适区。

对于一所学校来说，校长好好学习，学校天天向上；教师好好学习，事业蒸蒸日上；家长好好学习，孩子茁壮成长。如果校长不好好学习，这个学校大概率没办法适应新形势的变化，没有能力带领全体师生员工共同成长，也没有办法办好高质量的教育，人民对教育不断增长的需求也就无法满足。因此，依据新时代对高质量教育的要求，教育工作者主动学习新知识、新技能，是成事成人的根本任务。

（二）学历进修

学历进修是一个自我完善的过程，也是不断积累知识、丰富自己的情感体验、完善自己的思维、构建自己的知识体系的过程。知识和经验需要积累，学历进修到一定的高度时，才能更好地自度度人、成人成事。

（三）搭建平台

学历进修之后，如何将学习的结果进行转化，对于学校来讲是非常重要的。校长要引导教师学习，鼓励自己和教师进行学历进修，但学校更重要的是要建立一个学习型的组织。建设学习型组织，可以参考福建教育学院校长研修部正高级教师陈曦对于教师学习平台的建设思路，她提出学校应建立一个"开心农场"。"开"是要有开阔的视野、开放的姿态和开明的方法，只有教师的视野打开、心胸打开、知识边界打开，教师学习才有活力，才能够向未来；"心"是呵护教师的内心，促进和支持教师终生学习和终生发展，促进学生心智成长和提升；"农"是要有农民的心态，打造良好的培训生态，支持不同发展阶段的教师都能够有效学习；"场"是学习发生的场域，可以是群，可以是圈，也可以是社团，要用多元的形式让教师在轻松的氛围中开展聚焦主题的集中式学习。

早在2006年，我还在东城第五小学做校长的时候，就受到当时中央电视台播出《百家讲坛》节目的影响，在学校也举办了教师的"百家讲坛"，旨在让每一位教师都有表达自己教学思想、教学见解的机会，让他们分享自己的教学经验、分享自己的读书心得和体会，同时也分享自己在教育教学中的成功做法，借此引导教师自觉反思，总结过往的成功经验，看到自身的长处与短处，以此激发老师学习的积极性。

我当初是这样考虑的，老师很少能够在全体教师大会上做专门属于自己的讲座，把自己的经验、成果展示给全体教师，分享自己的喜悦。举办教师"百家讲坛"，可能会推动整个教师队伍的发展。学校组织教师参加课堂教学比赛、演讲比赛、说课比赛，先在自己科组里展示自己，再争取在全校范围内展示并听到更多的声音，使参赛教师的"作品"更能经得起推敲，以后才有机会在教育主管行政部门搭建的大舞台上展示自己。一开始，很多老师们心里不适应，存在不自信、焦虑、恐慌的心理。经过多轮的训练、展示，教师被迫主动学习、主动思考，不断地提高自己的自信心，进入快速的成长区，在成长中增加知识与技能，提高自己的竞争力和影响力。

很多校长在学校举行了教师的读书心得分享活动，把教师写的东西拿到网络上进行分享。但我认为更重要的是要让老师们有"讲"的过程，多一点面对面的互动交流，可能会更好地激发老师的潜能，锻炼老师们的语言表达能力，同时在做PPT的过程中也能锻炼教师的设计思维，包括表达的逻辑思维。这对教师的专业成长很有帮助。

我在很多名校长工作室主持人的开班仪式上讲过，校长要善于"领秀"，如果校长不宣讲本校的办学理念或者自己的办学主张，本校师生特别是家长很难了解、理解学校到底想办成一所什么样的学校，培养什么样的人，学校到底从哪里来要到哪里去。校长不宣讲，难于集中大家的智慧，凝聚大家的力量，也就很难把学校办好，办出特色。校长要善于"领秀"，这其实是在"秀"才华的过程中不断完善自己的思维结构。很可能校长通过不断演讲，收到老师、干部甚至家长提出的关于学校高质量发展的合理意见和建议。这是一个相辅相成的过程，能够得到大众更好的建议，学校的高质量发展之路会走得更加稳健。因而搭建平台，对教师个体和对校长自身专业成长都很重要，是一种学校管理的技术。

（四）潜心研究

在个人有学历进修，学校有"开心农场"的基础上，教师包括校长还要潜心研究。

第一是研究自己，体悟生命的自觉，能理解人的生命成长和发展过程，珍爱一切生命。南京师范大学教育科学学院班华教授认为，人与自然是生命共同体，珍爱自然界的生命，珍爱人类生命，珍爱人的精神生命是核心。"我从哪里来，我要到哪里去，我怎么样才能到那里去"，是一个哲学命题，也是一个人永远要去追问的问题。但是教育研究应该回到原点，人的生命是我们研究一切的起点和归宿。

第二是研究学生，要读懂真实的孩子。平常我们都是以自己的思维、自己的角度去看孩子，很少站在孩子的角度看世界、看问题，这也就是一些教师没办法拉近跟学生距离的其中一个原因。如果教师能够蹲下身子，用平视的眼光看孩子，用平等的身份进行沟通，可能教师跟孩子会有共同的语言。研究学生是落实学生主体的一个基本教育要求。教师也只有研究透学生之后，才能为学生的个性培养与气质涵养提供支持，把学生蕴藏的潜能挖掘出来。

第三是研究教学，享受教研的乐趣。教学质量是学校的生命线，教学是教师的核心工作。教研是知识传递、情感交流、思维碰撞的一个主阵地，它有助于提升自我、研究教学、推动课堂教学改革，会让教育更有温度，更有魅力，让师生享受到更大的快乐。

第四是研究管理，它对教学质量提升、学校发展有重要意义。研究是为了将个案中隐藏的共性挖掘出来，指导教育更好的实践。研究管理就是想办法激发人光明和善意的一面，让人的潜能得到充分的发挥。在学校管理或者班级管理中，不是为了"管死"或者打压一部分人，而是要发现他们的闪光点，挖掘他们的潜能，去激扬他们的生命。同时，我们要明白，教育是一个慢功夫，在挖掘人的生命潜能的过程中应给予宽容，学会等待。给予好的环境，搭建好的平台，这样才能减轻管理中一些人为的消极因素。

二、把握时间

中小学教师职称分为员级、助理级、中级、副高级、正高级，分别对应三级教师、二级教师、一级教师、高级教师、正高级教师。评正高级教师的条件：1.大学本科及以上学历，并在高级教师岗位上从事本专业教育教学工作5年以上；2.幼儿园、小学和初中教师，具有大学本科及以上学历，在高级教师岗位任教10年以上，并获得国家级教育教学类奖励或荣誉称号。评高级教师要具备下列条件之一（城镇中小学教师要有1年以上在薄弱学校或农村学校任教的经历）：1.具有博士学位，并在一级教师岗位任教2年以上；2.大学本科及以上学历（学士学位或硕士学位），并在一级教师岗位任教5年以上；3.大学专科学历，累计从事教师专业技术工作15年以上，并在小学、初中一级教师岗位任教5年以上；4.中等师范学校毕业，累计从事教师专业技术工作20年以上，并在小学一级教师岗位任教5年以上。

教师职务晋升，越往高级走，学历就越重要，教育研究也是越来越重要，包括自己教育教学成果的荣誉的级别，越高分量越重。学历教育、研究成果，教育教学成果、这些都是教师能否进入正高级教师这个行列的必备条件。个人持续学习，积极参加学历进修，学校全力搭建教师学习共同体平台，以及加强教育研究等，在教师专业成长、职称评定过程中起着关键性作用。

在专业成长过程中，如何继续保持自己的优势呢？对于校长来说，就要做到仕而优则学。当校长在教育领域有了重要的成就，在治理学校上有了丰富的经验以后，应该将这些成就和经验，通过讲学、著书等方式传授给年轻人，传递给下一代，为学校教育留下宝贵的经验。"仕而优则学"有助于为团队成员提供更好的创新机制和氛围，既可以促使自己作出大成果，也可以帮助别人作出大成果。

但目前，学校领导大多都是"教而优则仕"，然而在实际工作中"教优"不一定能"仕优"。很多学校的中层干部的选拔靠"肉眼识别"，"教而优则仕"乃至"临危受命"等现象屡见不鲜，但是其综合能力却未必与岗位要求相匹配，以致走上岗位后陷入"教优而仕不优"的尴尬境地。因而校长在选择中层干部的时候，要考虑"教而优则仕"是否合适。如果真提拔优秀教师做中层干部时，就要尽量鼓励他做分管干部，甚至做分管的校级领导。如果拟提拔做中层干部的优秀教师没有做中层干部的潜质、意向，校长就不要勉强。不然他本身优秀教师的优势丧失了，学校管理上想让他发挥出的才华也没有发挥出来。因此，"教而优可仕"，比"教而优则仕"和"教而优不仕"要更为理性。

三、专业提升

每一位教师都是从懵懂的新教师开始，也都有可能成长为经验丰富的优秀教师。在这里，总结人们放在网络上的有关好老师的这么一段话来给大家做一个介绍。

第一是初登讲台，应该是先"站住"再"站高"。为什么要先"站住"？对刚毕业的新教师，首要任务是让他先熟悉他任教科目的课程标准、教材及教法，能够从模仿教学到能够遵守教学规范，从规范教学到自主教学再到有自己的教学主张。如果新教师在入职后的关键时间内连自己的学科都没有办法教好,学校还安排他做别的工作,他也不可能胜任。部分校长认为,新教师年轻力壮,有很多时间,其实不是这样的。新教师从一个大学生转变成一个真正能"站住"讲台的老师,需要一段时间的摸索过程,从如何学到如何教的转变不是一件容易的事情。刚毕业的大学生成为一名教师,需要先让其站稳脚跟,然后再扩大新教师的工作范围,指导新教师提高自己的教育教学能力。

第二是课堂教学,要先仿照再创造。现在的培训越来越多,市教育局、学校组织的新教师培训中,有班主任培训、课堂教学培训、教研培训,培训项目很多。本人认为,对于新教师的培训更应该注重以老带新的作用,即老教师指导新教师写好教案,做好作业设计,熟悉备课、上课、批改作业、辅导与测试等教学基本流程,做好一个单元或者一个月的工作,手把手地教会新教师。引导新教师在最短时间内适应学校的教育教学工作,等他适应之后才可以按照更高的要求让新教师读懂教材,理解课堂教学的基本要素,也要将新教师在实践中所感悟到的拿出来与优秀教师进行思维碰撞。新教师在使用他在大学里学到的信息技术以及课堂教学的新技术时,可以引导老教师来跟他互动,真正形成学习上的互相参照,互补和互利。

第三是做好学生的思想工作,先求同再求异。当师生意见不统一时,首先要就事论事,不拉扯其他问题,双方冷静下来找出共同点;然后再心平气和地找出产生问题的原因,分析这个问题的症结在哪里;最后再阐述为了实现共同目标各自应该怎么做,双方换位思考一下,讨论自己该如何做,别人该如何做。做学生的思想工作最重要的是读懂学生。

第四是处理学生之间的矛盾,就是要先解决情绪,再解决事情。我们回忆一下陶行知先生"四颗糖"的故事:有一个男生用泥块砸自己班上的男生,被校长陶行知发现制止后,命令他放学时到校长室去。放学后,陶行知来到校长室,男生早已等着挨训了。可是陶行知却笑着掏出一颗糖果送给他，说："这是奖给你的，因为你按时来到这里，而我却迟到了。"男生接过糖果。随后陶行知高兴地又掏出第二颗糖果放到他的手里，说："这是奖励你的，因为我不让你打人时，你立即住手了，这说明你很尊重我，我应该奖你。"男生惊讶地看着陶行知。这时陶行知又掏出第三颗糖果塞到男生手里，说："我调查过了，你用泥块砸那些男生，是因为他们欺负女生；你砸他们说明你很正直善良，且有跟坏人作斗争的勇气，应该奖励你啊！"男生感动极了，他流着眼泪后悔地喊道："陶校长，我错了，我砸的不是坏人，而是同学……"陶行知满意地笑了，他随即掏出第四颗糖果递过来，说："为你正确地认识自己的错误，我再奖给你一块糖果，我没有多的糖果了，我们的谈话也可以结束了。"这个故事说明，关注学生的情绪变化，理解学生的所作所为，有助于学生之间矛盾的解决。

第五是对学生的期望，先成长再成才。对学生来说，心灵的成长极为重要，心灵成长才能不断地去适应社会，争取创造一个更加美好的社会。

第六是自己成长，先"升值"再升职。前面我们分析了新教师必须先"站稳"讲台，才能做好其他事情，这是教师专业成长的基础。在持续学习、学历进修、加强教育研究这几个很重要的环节上，不断地提升新教师对教育教学的理解和认知，通过对教育教学技术的提升，以及自己对教育教学的深刻理解，来使自己的工作不断升值。有了这些作为基础，往后的工作才会得心应手。

作为学科教师，在工作中，要多总结教育与教学方法，更要思考这样做的原理是什么，为什么这样做，是否还有更好的方法，可以在学科领域上发展自己，甚至成为某一小领域、小专题上的专家。

作为班主任，要提升管理能力，如阅读管理书籍（包括企业管理、教育管理）、心理学书籍（如积极心理学、积极教育学）等。实际工作中，多向优秀管理人员取经，提炼管理经验，将教育管理中的各种问题进行重新整合、调整、优化，最大限度地运用现代化管理策略来引导、激发、组织好班集体，加强班级凝聚力，提高学生学习效率。

作为校长，《教育时报》李光对总结的《智慧校长的五项修炼》一文介绍了：校长就必须不断地锤炼自己"金、木、水、火、土"的五种品性。贵"金"的教育思想，直"木"的浩然正气，柔"水"的教育情怀，烈"火"的工作激情，厚"土"的文化底蕴，这无疑是充满智慧的。

辽宁省昌图县实验小学的范勇校长，借鉴美国学者彼德·圣吉（Peter Senge）的学习型组织理论，带领他的名校长工作室团队做了五项修炼：建立共同愿景，反映团队共同心声；改善心智模式，成为研究型团队；自我超越，形成办学思想；团队学习，智慧成果最大化；系统思考，强调共同发展。这种观念和做法对学科教师、班主任、校长以及工作室主持人都有极高的参考价值。教师在专业成长的过程中，要对标对表，即对照标准，设定专业成长时间表。比如我在哪一个时间段，如何做好某一个板块的工作，同时通过某一个板块来推动学校整体的发展，真正办出高质量高水平的学校。

对标对表对每一个老师和干部都很重要，具体有以下几个方面的内容。

（一）成长目标可视化

目标可视化管理是一种能够帮助人维持注意力、保持热情的目标激励机制。

$$1.01^{365}=37.8$$

$$0.99^{365}=0.03$$

从上面两个等式来看，1.01 是底数，365 是指数，也就是说我们本来一天做一件事情，如果我们每天再增加 1%，实际是比原来增加 0.01，那么 365 天下来就会变成 37.8 倍，这是时间叠加的效益，也是福利效益。如果我们每天少做1%，实际上是每天减少了0.01，一年下来就变成了0.03。由此看来，一个人每天坚持多做一点和每天坚持少做一点，那是完全不同的结果和人生境界。

经常看到学生成绩差距大，可能与这个时间叠加效应有关系。同一年毕业的新教师在工作一段时间之后会拉开差距，而且拉得很大，也是跟时间叠加效应有关系的。"成长目标可视化"能给我们带来很直白的启示，我们可以将目标写下来，贴到经常看到的地方，然后再将目标分解成每天需要执行的具体事项。目标制订和分解后要适时跟踪，制作一张目标进度条，像"打怪升级"一样，这样的机制对我们的成长也很有帮助。设定目标是所有成就的出发点，很多人之所以失败，就在于他们都没有设定明确的目标，并且也从来没有踏出他们的第一步。社会无疑具有强大的同化作用，那些享乐主义等不良思想使得很多人都丧失了初心。但唯有我们自己得到真正想要的，才能使我们得到满足。放弃自身的愿望和需要，我们就会变得麻木不仁，对任何事情都无动于衷。

在这里我想提一下东方小学的刘雄山校长，他之所以能够参加马拉松比赛，并不是他一天、两天、三天的跑步就能锻炼出来的，而是在很长一段时间里他每天都多跑100米，那么10天下来就多跑了1000米，一个月下来就能多跑3000米。每天多跑一点，就能够成为优秀的马拉松选手。现在想想我们自己的工作，同样也是每天多解决一点小问题，最后就不会出现大问题。

美国著名社会心理学家海蒂·格兰特·霍尔沃森（Heidi Grant Halvorson）博士在《如何达成目标》一书中推荐了加布里埃尔·厄廷根（Gabriele Oettingen）的"WOOP"方法。[1]

---

[1] 海蒂·格兰特·霍尔沃森. 如何达成目标［M］. 北京：机械工业出版社，2019.

"W"代表wish——愿望。设定你内心渴望实现的目标。可参照SMART原则设计具体的、可量化的、可实现的、相关的、有时限的最受益的目标。

"O"代表outcome——图景。想象你实现愿望后的美好图景。注重实现愿景后的感受和收获。

"O"代表obstacle——困难。即为实现愿望你将会遇到的困难。学会使用归因方式梳理,少用抽象化词语,多具象描述。比如上课不专心是抽象化表达,具象表述则是上课时有同学递纸条导致我上课不专心。学会正视困难,进行客体分离——哪些是我的问题、困难,哪些是学科学习本身要面对的挑战。

"P"代表plan——计划。用执行意图(如果……那么……)来设定应对场景的反应。尝试多使用"如果……那么……"或"当……就……"的表达方式,针对目标中出现的困难和干扰因素,对标提出行动路径。

(二)十二种高效工作的方法

1. 有效沟通的7C原则。刘春英[①]指出,7C原则是由美国著名的公共关系专家卡特李普(Katharine Hepburn)、森特(Alan Sent)在他们合著的被誉为"公关圣经"的著作《有效的公共关系》中提出的,具体指:credibility(可信赖性),即建立对传播者的信赖;context(一致性,又译为情境架构),即传播须与环境(物质的、社会的、心理的、时间的环境等)相协调;content(内容的可接受性),即传播内容须与受众有关,必须能引起他们的兴趣,满足他们的需要;clarity(表达的明确性),即信息的组织形式应该简洁明了,易于公众接受;channels(渠道的多样性),即应

---

① 刘春英. 管理学[M]. 北京:中国轻工业出版社,2015:201.

该有针对性地运用传播媒介以达到向目标公众传播信息的作用；continuity and consistency（持续性与连贯性），即沟通是一个没有终点的过程，要达到渗透的目的，必须对信息进行重复加工，但又须在重复中不断补充新的内容，这一过程应该持续地坚持下去；capability of audience（受众能力的差异性），这是说沟通必须考虑沟通对象能力的差异(包括注意能力、理解能力、接受能力和行为能力)，采取不同方法进行传播才能使传播易为受众理解和接受。

2. 管理下属的4r法则。具体指：（1）requirement（要求）。没有要求，就没有方向，就难以评估，也就难以做出成果。要求不仅要有，还得明白无误地告知下属，避免歧义的产生。（2）respect（尊重）。对下属"体现尊重"本是管理者的应有做法，只不过有些管理者管理工作做久了，淡忘了这本来就有的人与人之间的相处之道。（2）review（评估）。一项工作、一项任务布置下去了，到底做得如何？需要给下属相关的反馈与点评。一次有效评估有助于了解工作进展的具体情况；给予下属必要的支持；给予下属一定的反馈，以便于下属进行调整；评定成绩。（4）reward（褒奖）。"小功不赏，则大功不立"，意思是说，一个人做出了成绩，如果没有得到肯定，那么就不会有动力去做出更大的成绩。褒奖是一种激励，表达认可与赞赏，从而让下属保持饱满的工作激情。

3. SWOT分析法。S是指strengths（优势），W是指weaknesses（劣势），O是指opportunities（机会），T是指threats（威胁）。从整体上看，SWOT可以分为两部分：第一部分为SW，主要用来分析内部条件；第二部分为OT，主要用来分析外部条件。所谓SWOT分析，即基于内外部竞争环境和竞争条件下的态势分析，将与研究对象密切相关的、内部的优势、劣势和外部的机会、威胁等，通过调查列举出来，并依照矩阵形式排列，然后用系统分析的思想，把各种因素相互匹配起来加以分析，从中得出一系列相应的结论，而结论通常带有一定的决策性。

4. SMART 原则。S 代表 specific（具体的），指绩效考核要切中特定的工作指标，不能笼统；M 代表 measurable（可量化的），指绩效指标是数量化或者行为化的，验证这些绩效指标的数据或者信息是可以获得的；A 代表 attainable（可实现的），指绩效指标在付出努力的情况下可以实现，避免设立过高或过低的目标；R 代表 relevant（相关的），指绩效指标与工作的其他目标是相关联的，或绩效指标是与本职工作相关联的；T 代表 time-bound（有时限的），注重完成绩效指标的特定期限。

5. 鱼骨图分析法。鱼骨图分析法是由日本管理大师石川馨先生所发明出来的，又名石川图分析法，它是一种发现问题"根本原因"的方法，也可以称为"因果图"。鱼骨图通常用来分析绩效管理问题和选取绩效考核中的关键绩效指标，其具体流程要结合应用目的而定，但大体流程不变，具体有：查找要解决的绩效问题，并把绩效问题写在鱼头上；召集相关人员共同讨论问题的可能原因，运用头脑风暴法尽可能多地找出原因；把类似的或者一类的原因进行分组，在鱼骨上标出；对归类的原因进行讨论、分析，找出真正的原因；针对任何一个原因找出更深层次的原因，这样至少深入五个层次；深入五个层次后，相关人员认为无法继续进行时，列出原因，并列出多个解决方法。

6. 时间"四象限"法。这是美国管理学家史蒂芬·柯维（Stephen R. Covey）提出的一个时间管理的理论，他把工作按照重要和紧急两个维度划分为四个"象限"：既紧急又重要、重要但不紧急、紧急但不重要、既不紧急也不重要。处理顺序是：先处理既紧急又重要的，接着是重要但不紧急的，再到紧急但不重要的，最后才是既不紧急也不重要的。"四象限"法的关键在于第二和第三类的顺序问题，必须非常小心区分。另外，也要注意划分好第一和第三类事，都是紧急的，分别就在于前者能带来价值，实现某种重要目标，而后者不能。

7.5S 现场管理法。这是一种现代企业管理模式，起源于日本，是指在生产现场中对人员、机器、材料、方法等生产要素进行有效的管理。因该理念的日语罗马拼音均以"S"开头，所以简称 5S，即整理（seiri）、整顿（seiton）、清扫（seiso）、清洁（seiketsu）、素养（shitsuke），又被称为"五常法则"。整理指区分要与不要的物品，现场只保留必需的物品；整顿指必需品依规定定位、定方法摆放整齐有序，有明确标示；清扫指清除现场内的脏污、清除作业区域的物料垃圾；清洁指将整理、整顿、清扫实施的做法制度化、规范化，维持其成果；素养指人人按章操作、依规行事，养成良好的习惯，使每个人都成为有教养的人。

8.4M1E 法。"4M" 指 man（人）、machine（机器）、material（物）、method（方法），"1E" 指 environments（环境），故合称 4M1E 法。对人、机、物、法、环这五大要素进行合理有效的计划、组织、协调、控制和检测，使其处于良好的结合状态，以达到优质、高效、低耗、均衡、安全、文明生产的目的。

9. PDCA 循环。PDCA 循环是美国质量管理专家沃特·阿曼德·休哈特（Walter A. Shewhart）首先提出的，由戴明采纳、宣传，获得普及，所以又称戴明环。PDCA 循环的含义是将质量管理分为四个阶段，即 plan（计划）、do（执行）、check（检查）和 act（处理）。在质量管理活动中，要求对各项工作作出计划、实施计划、检查实施效果，然后将成功的纳入标准，不成功的留待下一循环去解决。这一工作方法是质量管理的基本方法，也是企业管理各项工作的一般规律。

10. DISC 性格模型。DISC 这个理论是一种"人类行为语言"，其基础为美国心理学家威廉·莫尔顿·马斯顿博士（Dr. William Moulton Marston）在 1928 年出版的著作 *Emotions of Normal People*（《常人的情绪》）。其之后的学者进一步将这个理论发展为测评，也就是广为人知的DISC性格测评。人的性格可以分为四种：D指dominance（支配型），行动力强，以结果为导向的性格特征；I指influence（影响型），性格温和乐观，以人为主的性格特征；S指steadiness（稳健型），以程序为主的性格特征，做事严谨、精细；C指compliance（支持型），以服从规则为主的性格特征，乐于支持他人。

11.5W1H分析法。5W1H（WWWWWH）分析法也叫六何分析法，是一种思考方法，也可以说是一种创造技法。具体来说，是对选定的项目、工序或操作，都要从原因（Why，何因）、对象（What，何事）、地点（Where，何地）、时间（When，何时）、人员（Who，何人）、方法（How，何法）等六个方面提出问题进行思考。

12.8D问题解决法。8D问题解决法（8D Problem Solving）是一种用以界定、矫正和消灭反复出现的质量问题的结构化管理方法，强调团队协同，其目的是产品和过程的改进。8D因其包含8个解决问题的步骤而得名，其中的D，是英文"Disciplines（方法）"的首字母。D1，建立团队；D2，定义及描述问题；D3，确认、实施并确认暂行对策；D4，确认、识别及确认根本原因及漏失点；D5，针对问题或不符合规格部分，选择及确认永久对策；D6，实施永久对策；D7，采取预防措施；D8，感谢团队成员。

再向大家推荐《高效人士的七个习惯》这本书，它是美国著名的管理学大师史蒂芬·柯维写的，是"有史以来最具影响力的10大管理类书籍之一"。书的核心观念——要完成人生最渴望的目标，需要游刃有余地应用一些原则，所谓原则就是人类行为的指导准则，是久经考验并具有永恒价值的。《高效能人士的七个习惯》的体系严谨、内容生动，是一本常读常新，会令人感到颇有收获的图书。作者介绍的前三个习惯——积极主动、以终为始、要事第一，关注的是个人领域的成功，而双赢思维、知彼知己、统合综效关注的是公众领域的成功。习惯之间互有关联、层层递进，而第七个习惯——不断更新，就是强调对每一个习惯的持续深化、刻意练习、螺旋上升、逐步迭代，成就更好的自己。

这本书值得每位校长深度阅读，自己读完之后推荐给本校的干部和老师深度阅读，并且可以深度交流，组织大家结合自己的工作分享优秀的经验，推动本校教师的专业成长。

（三）复盘

复盘跟平时学校进行的工作总结是两回事，复盘源于古老的东方思维，这种思维不仅是一种思考和管理的工具，更是一种文化。这个词最早来源于棋类术语，也称"复局"，指对局完毕后，复演该盘棋的记录，以检查对局中着法的优劣与得失关键。复盘本质是一种自我反思的习惯，复盘是个人和组织进化的方式，复盘是企业核心方法论。注意，复盘应该是一种每日三省的思维方式及习惯。复盘的目的在于回顾目标、叙述过程、分析原因、总结规律。总结来说它有四个步骤。

第一个步骤：回顾目标，即引导大家在回顾目标的时候，把大家的思想统一到一个方向上来。让大家不要忘记我们来时的路是什么，不忘初心，方得始终，这就是回顾目标。

第二个步骤：评估结果，回顾实际发生了什么。有两种做法，一个是顺序导向，另外一个是重要性导向。

第三个步骤：分析原因，发现存在的差异，并找出发生差异的原因。综合判断这些原因，总结出根本原因。

第四个步骤：总结经验。确定成功或者导致失败的关键原因，找出解决方案，从行动当中学到经验教训。这也告诉我们复盘核心的价值在于改正错误，巩固成功。

从以上四个步骤可以看到，复盘优于日常的工作总结。

复盘的核心价值在于改正错误，巩固成功。

四、提高效率

效率是指单位时间完成的工作量或者劳动的效果与劳动量的比例。我们可以采取以下三种方法：一是心理暗示法，是个人通过积极的自我暗示、自我鼓励的一种方法。心理暗示"我能行"，是提高效率的一种很好的方法。二是做出公开的承诺。校长在改进学校中要做出一个公开的承诺，什么时间要解决什么问题，这样敦促自己，效率就会提高。它有助于解决拖延症和轻易放弃的坏习惯，有利于增强校长的责任感、使命感，也有利于增强教师的责任感和使命感。三是与高效能人士同行。学校要树立标杆，一个学校的高效能人士是本校最优秀的老师，他肯定有自己的核心竞争力，是教师学习的榜样。与高效能人士同行，首先要自我协定，其次是压缩时间，最后用压力刺激效力。与高效能人士同行也会把你带得更高效。一个好的领导人或者教师在指导下属和学生的时候，应做到"引导而不强加，帮助而不替代，示范而不说教，批评而不压制"，使被指导者心悦诚服地接受指导，改进工作，达到提高工作效率和管理效能的目的。

五、调控情绪

（一）情绪

情绪是人对客观事物的态度体验，情绪通常和人的生理、心理、社会需要相联系。教师的情绪就是教师在教育教学、日常生活中的态度体验，如快乐、兴奋、幸福、愤怒、悲伤、厌恶、痛苦等。每种情绪主要由四个部分组成：生理唤醒、认知理解、主观感受和行为表现。情绪可以被定义为一种积极或消极的体验，与一种特定的生理活动模式相关联。

（二）情绪管理

情绪管理就是善于掌握自我，善于调节情绪，对生活中矛盾和事件引起的反应能适时地排解，能以乐观的态度、幽默的情趣及时地缓解负面情绪。一是察觉自己的情绪，这是管理情绪的基础。不能正确辨识自己处在什么情绪，对情绪的管理就成了空谈。二是调整自己的情绪，这是情绪管理的最终目标。我们要通过自己的努力，通过合理的方式控制自己的情绪，而不是被情绪左右。

作为教师，要做情绪的主人而不是奴隶。要管理好情绪，做一个拥有积极心态的人，在教育活动和日常生活中均应能真实地感受情绪并恰当地控制情绪，保持平和的心态，这样才能为人师表，成为一名好教师。

（三）积极情绪、积极教育与积极心理

积极情绪就是指个体在一定的情境中，在相应的内部和外部刺激的作用下所产生的愉悦感受，这种愉悦的感受可以促使个体趋向于某种行动。

积极教育是主体为了塑造积极的心理品质，通过积极的心理体验以充分发掘积极心理要素的教育活动。教育就是要创建一种积极的教育、教学环境，让学生的主动性、思考能力、热情、勇气、坚强等得以充分发挥，而不是给学生过多的约束、控制、批评和说教，不要对学生新奇、有创意的想法、说法和做法进行过多的批评和指责，而要培养学生对他们的想法、说法、做法负责任的态度。积极教育的内容和目标是要关心学生的优秀品质和美好心灵，关注学生积极的认知加工、积极的情绪体验和积极的社会

行为，培养积极健康的人。积极教育学，是从维果茨基（Lev Vygotsky）的"最近发展区"理论出发，在课堂中向学生提出超越其一般发展状况的适宜性学习任务或教学要求，以此刺激、带动、引领学生主体性的发展，促使学生走上一条身心发展的"高速公路"。

积极心理是主动积极的认知评价、积极的情感体验、乐观开朗和积极的个性心理，是积极的行为和积极的心理特征，是主动获得潜能激发和素质提升的过程。积极心理是人生成功的法宝，积极心理的力量是强大的。积极心理包括积极心态、积极人格、积极体验和对情绪情感的良好控制。这些都是人生成功的法宝。人一旦变得积极，不仅可以建构生理资源，还可以拓展心理资源，甚至会产生大量社会资源。很多所谓的能力问题，大多也是心理、情绪产生了问题。因为所有心智活动，都要涉及大脑前额叶的灵性、悟性、感性和德性，人一定是在积极的时候，能力才会提升。因此，教师拥有积极心理品质能够促进自身发展和完善教育教学能力。

（四）阅读书籍

人因梦想而伟大，因学习而改变，因行动而成功。接下来介绍两本书籍，第一本是《刻意练习：如何从新手到大师》，它是教师专业成长过程中需要深度阅读的一本好书，最好跟《高效能人士的七个习惯》这本书结合起来阅读。

《刻意练习：如何从新手到大师》是机械工业出版社于2016年11月出版的图书，作者是安德斯·艾利克森（Anders Ericsson）和罗伯特·普尔（Robert Pool）。刻意练习是为了达到一定练习目标而进行的练习。

另一本书是《心流：最优体验心理学》。"心流"是指我们在做某些事情时，那种全神贯注、投入忘我的状态。在这种状态下，你甚至感觉不到时间的存在，在这件事情完成之后我们会有一种充满能量并且非常满足的感

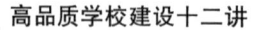

受。心流的概念是米哈里·契克森米哈赖（Mihaly Csikszentmihalyi）教授首次提出，他在这本书中写到，全力以赴地、忘我地、投入地做一件事情，就是一种"心流现象"[①]。有人称之为"福流"或"涌流"，指的是完全沉浸在一项吸引人的活动中，时间好像停止，自我意识消失。处于心流状态中，可以达到身心合一，忘掉周围的一切。由于心流需要集中全部的注意力，因此它动用了我们全部的认知和情感资源，让我们逃脱世俗的烦恼，享受投入的快乐。

心流是一种幸福，不管在工作、学习和生活中，当我们决心追求一个目标，全部的精力都专注在一件事情上，大脑思维向一个方向聚集，意识就呈现出一片祥和。感觉、思想、行动都能配合无间，内心的和谐自然涌现。教师在成长中，需要设定一个目标，全力以赴地投入，不断地挑战自己的能力极限，把工作做到极致，不断精进，就可以产生心流，就可以获得幸福感。我们回过头想一想，教师上课如果也能达到心流状态，让师生都进入这种忘我的境界，那么课堂教学效率肯定是非常高的。因此，很有必要将《高效能人士的七个习惯》《刻意练习：如何从新手到大师》《心流：最优体验心理学》这几本书结合起来系统地学习、反思，也许能找到自己奋斗的目标和成功的方法。

六、聪敏交往

聪敏交往就是学会与自己和解，接纳自己；学会跟自己挑战，提升自己；学会让自己开心，愉悦自己。

[①] [美]米哈里·契克森米哈赖.心流——最优体验心理学[M].张定绮，译.北京：中信出版集团，2017.

1. 接纳自己，不是停滞不前，故步自封，孤芳自赏，而是勤于积淀，勇于蜕变，敢于超越。

2. 提升自己，一直保持像树一样努力向上生长的样子，这就是最美的样子，就是最踏实的幸福。

3. 愉悦自己，不是自欺欺人地麻痹自己，而是知行合一的坚守。

"发上等愿，结中等缘，享下等福"说的是人要胸怀远大，只求中等缘分，过普通人的生活。

"择高处立，寻平处坐，向宽处行"是说看问题要高瞻远瞩，做人应低调处世，做事要留有余地。

无论哪一种关系，和谁相处，我们都要本着真诚的原则，本着公平、公正、和平相处的原则，尊重对方，学会包容，学会接纳，学会"求同存异"，还要坚持原则，还要有适当的距离，不能因为感情因素而放弃原则，更不能苛求别人或苛求自己。

因为我们的职场在学校，这里知识分子占大多数，每个人都有自己的知识底蕴，有自己的工作习惯，有自己独特的见解。因而很多时候我们只能抱着一种求同存异的心态去处理同事之间、师生之间的人、事关系，这样才能在职场中立于不败之地。

第八讲　教育研究之术

本讲主要介绍四个方面的内容：一是教育研究概述，二是教育研究的方法，三是教育研究思路，四是研究的技术路线图的制作。前面两个部分，教育研究与教育研究方法是基础，最重要的是如何理清研究思路，以及做好技术路线图的绘制，从而真正体现研究者的教育研究水平。

一、教育研究概述

1. 教育研究的概念。教育研究是对教育进行的科学研究，是指运用科学的研究方法进行一定研究的原则和程序，有目的、有计划、有系统地探索、揭示教育的本质属性以及规律的活动过程。教育研究是已发现或者发展中的，以知识体系为导向，通过对教育现象的解释和控制，以促进一般化原理原则的发展。教育研究由三个基本的要素组成：客观事实、科学理论和方法技术。

2. 教育研究的基本性质。一是研究的主体：谁来研究（研究者）；二是研究客体，即研究谁（研究对象）；三是研究问题，即研究什么（根本的任务）；四是研究目的，即为什么要研究（预期的结果）；五是研究方法，即用什么研究（研究的技术手段）；六是研究条件，即怎么样研究（环境保障）。教育研究是研究主体围绕着研究客体而展开的创造性认识活动。因此在教育研究过程中，除了要明确研究主体和研究客体外，还必须具体分析研究问题，明确所要达成的研究目的，选择适宜的研究方法，并保证必需的研究条件。

3.教育研究的基本过程。教育研究一共有十个步骤：第一是研究选题；第二是文献的阅读，即文献的查阅与文献综述；第三是形成研究假设；第四是选择研究类型；第五是确定研究的变量；第六是选择研究对象；第七是制订研究计划；第八是收集并整理资料；第九是得出研究结论；第十是撰写研究论文。

4.教育研究方案的基本构成。第一个基本问题是"为何研究"，其意图指向是"缘由"，包含课题研究的现实背景（问题的提出和研究意义）、国内外相关综述（文献综述）、研究依据。研究背景包括政策背景、理论背景和现实的问题，通过背景分析，再去查阅相关的文献，了解前人做了哪些研究，有哪些成功的地方，还有哪些不足，怎样借鉴前人的经验提出自己的研究问题。第二个基本问题是"研究什么"，其意图指向是"任务"，包括研究的目的（研究目标）、研究的内容（问题细化及解决构想）、研究假设，及定量的界定。第三个基本问题是"怎样研究"，其意图指向"操作"，包括研究方法（及措施）、研究步骤（任务时间表）、资源配置（如人员分工、资金预算）。第四个基本问题是"条件怎样"，其意图指向是"基础"，包括完成条件分析（如前期成果、人力资源、物质条件）、注释与参考文献。第五个基本问题是"怎么预计收获"，其意图指向是"效益"，主要是指预期成果（如应有水平、表现方式）。

接下来逐一说明存在的问题及注意事项。我在与中小学老师讨论课题研究时，经常看到老师提出的研究问题跟他所做的文献综述没有太大关系，研究的问题没有聚焦到研究的主题上来，也没有根据主题厘定合理的研究目标，研究内容太多且不聚焦。列举的研究方法与研究问题应该是密切联系的，但有些老师还没有弄明白哪一种研究方法可以解决哪些问题，或者是哪些方法能够达到预期的目的，感觉研究方法是硬套上去的。教育研究的步骤中，先做什么后做什么，一定要理清顺序和相互之间的逻辑关系。在资源配置方面，要考虑如何能高效开展研究，而现有条件又是怎么样的。比如是一个人去完成还是由一个团队去完成；完成它需要哪些资源去支撑；注释是对特定的概念或"专指"进行解释；参考文献能说明研究者对研究主题的梳理是清楚还是模糊，是否引用了经典语录或权威期刊，是不是近五年的研究成果；研究成果究竟是撰写研究报告、实验报告还是调查报告；等等。研究主题、研究目标、研究问题、文献梳理、研究方法、研究成果是一一对应的关系，中间不能有任何偏离。

概括起来说，教育研究方案的基本构成很清楚地告诉我们，为何研究、研究什么、怎样研究、条件如何、怎么预计收获等。如果研究者在做课题研究之前能够理顺课题研究的基本构成，在写研究方案时就可以写得比较完整，开展研究也会比较顺利、有效。

二、教育研究方法

教育研究方法指的是按照某种途径，有组织、有计划、有系统地进行教育研究和构建教育理论的方式。它是以教育现象为研究对象，以科学方法作为研究手段，遵循一定的研究程序，以获得教育科学规律知识为目标的一整套系列研究的过程。

从理论上来看，教育研究方法可以分为教育研究方法的理论（即教育研究方法的方法论）和教育研究方法的基本范式。从实践上来看，教育研究方法可以分为教育研究的基本方法和教育研究的辅助技术。

（一）教育研究方法的方法论

教育研究方法的方法论是一个多层次、多类型的体系，包括以下三个方面：第一个方面是哲学与教育研究。人们用什么样的世界观去认识、指导和解决教育中的各种各样的问题，这是教育研究中最高级、最抽象和最普遍的方法论的层次。我国主张的哲学方法论主要是马克思主义的辩证唯物主义和历史唯物主义。第二个方面是数学与教育研究。数学方法是指通过具体的数字统计与计算进一步进行定量分析，以便从量的关系上认识事物发展变化的规律，做出更准确的科学说明的方法。第三个方面是信息技术和教育研究。信息技术的发展对教育研究方法论的影响主要分为两个方面：第一，表现为信息技术直接应用于自然科学和社会科学的研究方法，并为教育研究手段的变革提供了可能条件，比如 SPSS 是教育统计的技术之一，在研究中获取了大量的研究数据，通过数据的输入和技术处理，找出数据跟课题研究问题的关联性，从而得出研究结论，研究结论指向课题研究的目的；第二，表现为信息技术所引起的思维方式的变革，比如在大数据发展的基础上发展的适应性学习。

刘良华教授出版的《教育研究方法》一书，是很值得大家学习研究的一本参考书籍。他认为教育研究方法主要包括实证研究、实践研究和哲学研究三种现代学术规范，强调哲学研究和实证研究两条路径。[1]

实证研究主要关注的是"是什么"或"有什么"。实证研究是基于观察和实验取得的大量事实数据，利用统计推断的理论和技术，并经过严格

---

[1] 刘良华. 教育研究方法（第三版）[M]. 上海：华东师范大学出版社，2021.

的经验检验，而且引进数量模型对社会现象进行数量分析的一种方法，它的目的在于研究各种社会现象的本质联系，包含实验研究、调查研究和历史研究。

实践研究主要关注的是"应如何"或者是"怎么办"，偶尔也关注"是什么"和"有什么"，如我们日常的教育教学改革经验总结和教育对策。

哲学研究主要关注"是什么"或者"为什么"，偶尔也关注"有什么"和"怎么办"。完整的哲学研究包括三个部分：一是"是什么"，它显示为"本质研究"；二是"为什么"，它显示为"价值研究"；三是"怎么办"，它显示为"对策研究"。但是，其中每一个部分都具有相对的独立性，可以独立成篇。这三种研究看似容易，其实很艰难。

（二）教育研究的基本范式

从含义上来看，教育研究基本范式是指教育领域中学术共同体对所从事的教育研究的活动的基本方法和规范的共同认识，即同一时代背景下，多数学者所采用的研究思路和基本的模式。

从历史推演的角度来看，教育研究基本范式经历了五个阶段。

第一阶段是经验描述阶段。它是17世纪以前没有真正的教育研究存在时，有关经验的描述。

第二阶段是经验与分析教育研究范式。17世纪到20世纪初（大致对应外国教育史中，夸美纽斯到进步教育运动期间），教育研究从经验的描述上升到理论的概括，形成了经验加分析研究范式。

第三阶段是科学实证研究范式。20世纪以来，随着实验教育学的发展，教育研究开始使用量化统计实验等方法，逐渐形成了教育实证研究范式。

第四阶段是人文主义研究范式。20世纪以来，学者在反思科学实证和研究范式具有机械分析方法弊端的基础上，产生了人文主义研究范式，也叫质的研究，主要表现为社会批判性研究、诠释与理解性研究等。

第五阶段是后现代的复杂思想研究范式。20世纪60年代至今，教育研究者开始关注教育活动过程中的动态性生成、非线性特征以及其中存在的偶然的、潜在的因素，这些被看作具有某种特征的后现代特征的研究方式，主要包含以下常见的基本研究范式：量的研究、质的研究和混合研究。

（1）量的研究，是科学实证范式的主要特征之一。定量研究是一种通过对事物的属性进行数量上的分析，以获得关于事物性质和变化规律的方法。这是用数字和量度描述，以演绎的思维方式，在人为操纵和控制的环境下，对有关因素在数量上的变化以及对研究对象的影响进行研究。其研究设计较为结构化，关注研究结果，目的是确定变量之间的关系、影响因素、原因等。其研究结果更具有科学性，有较高的确定性。

（2）质的研究，是人文主义范式的主要特征之一。定性研究是根据研究者的经验和认识，确定事物具有某种特质与否，或者对某一现象的变化过程和变化原因进行分析。这是用文字描述的方法、归纳的思维方式，在真实的情景中，对不同事物、现象的意义和特征进行整体分析、描述分析。其研究设计较为灵活，关注研究过程，目的是理解教育现象。但是其研究结果较为主观，受材料的真实性和研究者的逻辑性等因素的影响较大。

（3）混合研究，就是研究者将定量和定性的研究技术结合在一起并运用于同一研究之中。

（三）教育研究的基本方法

教育研究方法有观察法、问卷调查法、深度访谈法、个案研究法、实验研究法、文献分析法、定量研究法、定性研究法、定性定量相结合方法、宏观与微观相结合方法、比较研究法、逻辑方法、系统方法、历史研究法、实证研究方法、质的研究方法、多学科研究方法、跨学科研究方法和现象学研究方法等。

教育研究领域中的方法不胜枚举，对研究方法的分类也各式各样。根据各种方法在研究活动中的功能，将众多的研究方法划分为相互关联的三个层次：第一层次是获取研究资料和对资料做形式处理的方法；第二层次是搭建理论框架和论证阐释观点的方法；第三层次是指导研究的理论视角。

第一层次：获取研究资料的方法。通过观察、问卷调查、深度访谈、实地考察、实验等方法获取的材料称为"直接经验材料"，通过查阅文献的方法获取的材料称为"间接经验材料"。

第二层次：搭建理论框架和论证、阐释观点的方法。比如，理想类型法、系统法等就具有搭建理论框架的功能，而体现"分析—论证"和"理解—阐释"的典型方法则有人种志研究、叙事研究、阐释学研究、概念分析、比较研究、历史研究、个案研究等。

第三层次：指导研究的理论视角，即提出问题、分析问题与解决问题的特定角度，如博弈论（也叫对策论）、人力资源理论、交往理论、人性论、复杂性理论等。复杂性理论是一种跨学科的方法论，更是一种与世界复杂性、多样性、涌现性、不确定性等概念相对应的多元化的、综合化的复杂性思维范式。复杂性理论旨在探讨内部的关联性（互动性）及其与外部的关系。博弈论是指研究者与研究对象"交互作用"的实地调查研究方法。其经典故事就是"囚徒困境"，讲的是一个犯罪团伙的两个人同时被捕，警察把他们关到不同的小黑屋里，他们不能互相沟通，并给他们一个选择。如果两个人都选择不揭发对方，由于证据不足，每个人被判坐牢一年；如果 A 去揭发 B，B 选择沉默，那么 A 因为立功获得释放，B 则要入狱 10 年；如果 A 和 B 互相揭发，证据确凿，两个人将同时被判入狱 8 年。经过了多轮实验，结果就是他们都想通过自己揭发对方，获得出狱机会，也正是因为如此，两人都获刑 8 年。

（四）教育研究的辅助技术

第一种辅助技术是文献检索，指的是教育研究者针对教育现象去查找可靠的相关的文献，对文献进行对比分析和判断整理，从而找出教育现象的本质属性和内在规律。

第二种辅助技术是教育统计。前面讲了 SPSS 是教育统计的一种计算机网络技术，它是用数理统计的方式，对教育调查或者教育实验所获得的数据进行收集、整理和分析，并以此作出科学论断，进而得出结论。就像对学生的考试成绩进行评估，然后通过一个班的平均分、合格率、优秀率来反映教师的工作和业绩。全校的合格率、平均分、优秀率是否可以指向学校的办学质量呢？虽然有一定的依据，但这些无法决定办学质量的高低，因为办学质量不单单是分数，还有学校的教育教学所获得的一些工作性成果和研究性成果。

第三种辅助技术就是教育测量，是指用一定的测量工具或者手段获取教育活动的数据的过程。比如，现在很多学校利用摄像头来观察班级授课教师的表现、全班学生的表现，这是信息的捕捉；或者让学生在平板电脑或电子平台上进行答题，通过这样的数据收集来反映学生学习的质量；另外，有些大学利用微格教学对老师进行测量，这些都采用了教育研究的辅助技术。

三、教育研究思路

所谓思路，就是想要达到的目标和达到这个目标要走的路径，简单来说就是目的地和路线。

研究思路，主要考察课题申报者对自己所要计划开展的选题从整体到局部、从目标到方法、从过程到细节、从结构到路径、从难点到措施等一系列问题的把握能力。

研究思路有两个特征：一是要体现时间上的先后顺序，先研究什么内容，后研究什么内容，用"时间词"将静态的研究内容重新表述；二是要体现内在的逻辑关系，为什么要先研究这个内容，后研究那个内容，二者之间有什么内在的逻辑关系。在呈现方式上，可以用文字表述，可以用图表表述，二者结合最佳，能一目了然地呈现研究内容之间的先后顺序与逻辑关系。

研究思路的一般写法是：采取"为了达到……（研究目标），首先……（采用什么方法做什么），其次……（采用什么方法做什么），最后……（采用什么方法做什么）"的表达方式，不必分点。

有研究者习惯将"思路"改成"技术路线图"，以便引入研究方法，这也是一种尝试。

接下来介绍一个具体案例，课题名称是"义务教育学生综合素质评价的校本策略研究"。该研究思路参考了《综合素质评价的内涵、机理和策略》[1]一文所提供的材料，是按照教育目标和内容，教育途径和方式，教育发展目标、发展内容、发展方式、发展结果到评价程序和方法的思路来进行设计的。

---

[1] 沙丽华，崔建京，苏冰，等. 综合素质评价的内涵、机理和策略[J]. 辽宁教育，2021（12）：5-9.

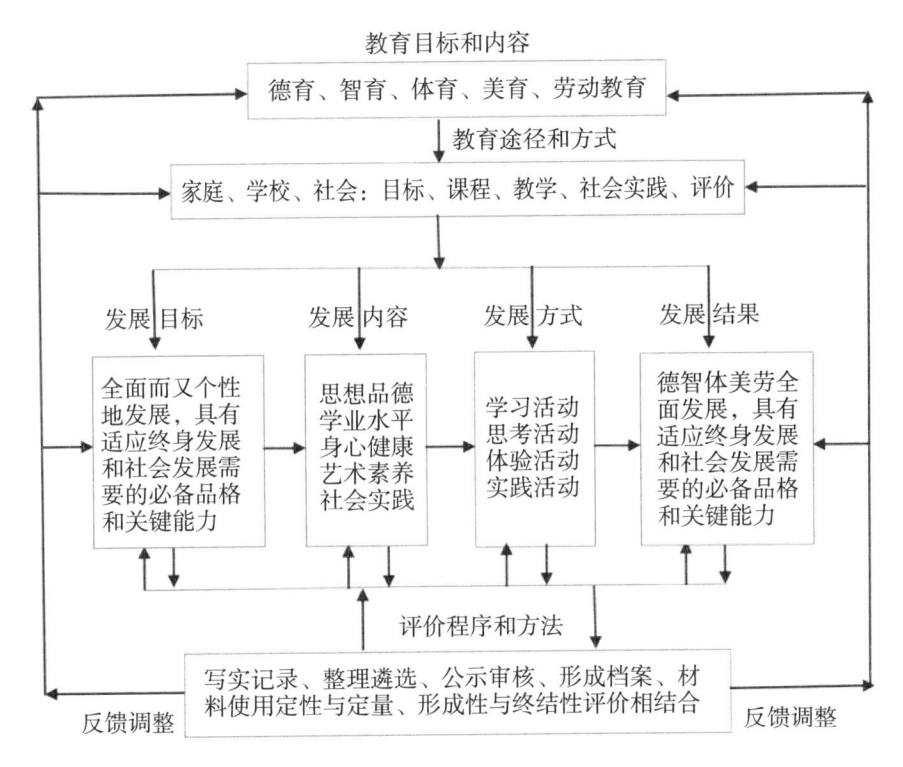

```
                    教育目标和内容
              ┌─────────────────────────┐
      ┌──────→│ 德育、智育、体育、美育、劳动教育 │←──────┐
      │       └─────────────────────────┘       │
      │                    ↓教育途径和方式              │
      │       ┌──────────────────────────────────┐    │
      │   ┌──│ 家庭、学校、社会：目标、课程、教学、社会实践、评价 │──┐│
      │   │   └──────────────────────────────────┘  ││
      │   │            ↓                             ││
      │   │  发展目标   发展内容    发展方式   发展结果    ││
      │   │  ┌─────┐ ┌─────┐ ┌─────┐ ┌─────┐       ││
      │   │  │全面而又│ │思想品德│ │学习活动│ │德智体美劳│       ││
      │   │  │个性地发│ │学业水平│ │思考活动│ │全面发展，│       ││
      │   │  │展，具有│→│身心健康│→│体验活动│→│具有适应 │       ││
      │   │  │适应终身│ │艺术素养│ │实践活动│ │终身发展 │       ││
      │   │  │发展和社│ │社会实践│ │     │ │和社会发 │       ││
      │   │  │会发展需│ │     │ │     │ │展需要的 │       ││
      │   │  │要的必备│ │     │ │     │ │必备品格 │       ││
      │   │  │品格和关│ │     │ │     │ │和关键能 │       ││
      │   │  │键能力 │ │     │ │     │ │力    │       ││
      │   │  └─────┘ └─────┘ └─────┘ └─────┘       ││
      │   │                                          ││
      │   │           评价程序和方法                      ││
      │   │  ┌──────────────────────────────────┐  ││
      │   └→│ 写实记录、整理遴选、公示审核、形成档案、材料   │←┘│
      │     │ 使用定性与定量、形成性与终结性评价相结合       │  │
      │     └──────────────────────────────────┘  │
      │  反馈调整                            反馈调整      │
      └─────────────────────────────────────────┘
```

图 8-1　课题"义务教育学生综合素质评价的校本策略研究"思路

这个思路分成四大板块，每个板块又分成七个模块。

第一个板块：阐述的是"是什么"，即义务教育学校学生综合素质培养的目标与内容。模块一义务教育学生综合素质核心要素的提取，梳理国内外关于综合素质的维度划分，结合我国义务教育学生评价现状的调研，以立德树人为目标，以德智体美劳"五育并举""五育融合"与中国学生核心素养等提炼为核心要素，结合学生、教师和学校自身的特点与条件，按照本杰明·布鲁姆（Benjamin Bloom）的学习目标分类和加涅（Robert Mills Gagne）的学习结果分类等提炼评价的核心要素，通过专家论证来确保科学性。

第二个板块：研究的途径与方式。模块二是厘清学校教育、家庭教育、社会教育的具体分工，以及实施学生综合素质培养的内容。这个模块主要以学校教育作为主要的研究内容，对影响学生综合素质评价的学校办学目标，特别是学生发展目标，通过课程、教学、社会实践和评价等方式，根据学校自身实际情况的特点进行优化。

第三个板块：义务教育学生综合素质的发展目标、发展内容、发展方式和发展结果。模块三是发展目标的研究，指导作为研究对象的学校培养能全面而有个性地发展，具有适应终身发展和社会发展需要的必备品格和关键能力的人。模块四是发展内容的研究，从教育教学和学生日常生活中的思想品德、学业水平、身心健康、艺术素养和社会实践中构建德智体美劳"五育并举"和"五育融合"的发展体系。模块五是发展方式的研究，研究学生综合素质的发展，主要通过课内外的学习、思考、体验和实践活动，由此丰富学校课程，拓展学习思考的范围，创设学生体验和实践的空间以及平台，是优化评价策略、提高综合素质发展成效的重点。模块六是发展结果的研究，发展结果就是实现党的教育方针中所要求的德智体美劳全面发展，具有适应终身发展和社会发展需要的必备品格和关键能力的社会主义合格的建设者和接班人。

第四个板块：义务教育学生综合素质发展评价的程序和方法。模块七是根据"五育并举""五育融合"，以中国学生核心素养等提炼为核心要素，结合学生、教师和学校自身的特点与条件，构建义务教育学生综合素质评价的指标体系。通过学生个体、小组、班级和学校的学习生活等，对学生素质的发展进行写实性的记录，按照综合评价指标体系设置电子档案库，并通过电子档案库对写实性材料进行整理、遴选、归类，形成每周、月度、年度发展档案，运用定性、定量分析的方法进行处理，区分形成性评价和总结性评价，评价的结果分层、分类向学生、班级、家长和学校反馈，为学生、家长和教师提供参考。

这样的研究思路既有理论、有方法、有实操，最后也呈现了本课题研究拟达到的目的。

这个课题已经找了一些学校作为研究的实验学校，也邀请了部分校长参与研究，但是有些校长觉得难以开展。但正因为难，课题研究才有意义，对学校的改进可以起到很大的推动作用。课题已经有了理论建构，接下来是通过学校的实践探索，希望形成一个比较完整、科学的学生综合素质评价的校本策略案例。

四、研究技术路线

课题研究的技术路线比研究思路提升了一个层次，因为画技术路线图确确实实需要有很深厚的知识底蕴和研究的基础。

技术路线是指课题申请者为达到研究目标准备采取的技术手段，具体步骤及解决关键性问题的方法和途径。简单来说，技术路线是指进行研究的具体操作步骤，应尽可能详尽，每一步骤的关键点要阐述清楚，并具有可操作性。有可能的情况下，可以使用路线图或示意图加以说明，以达到一目了然的效果。技术路线图是指应用简洁的图形、表格、文字等形式描述技术变化的步骤或技术相关环节之间的逻辑关系。

"技术路线"是课题研究进程中，体现诸多要素之间逻辑关系的闭环结构，它体现三个方面的价值：其一，技术路线能够体现出课题研究的思路；其二，技术路线能够体现出研究方法、路径的使用问题；其三，技术路线能够把研究过程中诸多研究要素的逻辑关系呈现出来。

一般情况下，技术路线图是以图的方式呈现出来。在绘制的前期准备阶段，首先要确定学科领域和研究类型，然后选择参与者，组建工作队，明确边界。在绘制实施阶段，课题组要做到分析判断教育教学需求，确定研究目标内容，选择关键技术，分析主要技术壁垒和难点，确定替代性技术，确定研究的资源条件需求，绘制技术路线图。在后续更新阶段，课题组还要评估和验证路线图，制订实施计划和定期审查和更新。

技术路线图跟办学理念的实践演进是同样的道理。学校的办学理念体系虽然前期已经制定了，但是在实施的过程中，可能会出现没有充分反映学校的办学愿景、没有瞄准学校的办学目标等问题。因此，学校每一年都有必要进行学校诊断或者专项诊断，通过诊断来判别办学理念体系是否跟教师的实际教育教学工作、学校发展的目标相吻合。技术路线图制定了之后，要先实施一小段时间，反思、检验技术路线图是否合适。

下面介绍几个关于技术路线图编写的案例。

案例一：课题"基于互联网的小学数学微课资源应用研究"。该课题根据小学数学微课制作和教师在课堂教学过程中的可视化小组学习活动，体现在课内外实践活动中，以微课资源为重点案例进行分析。

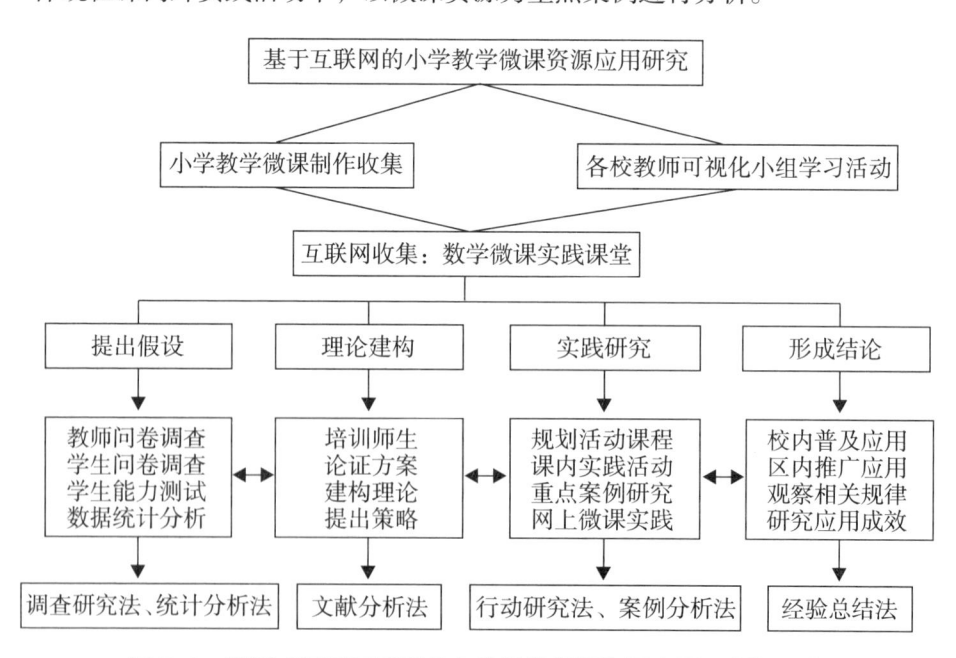

图 8-2　课题"基于互联网的小学数学微课资源应用研究"思路

课题的研究背景是互联网，也就是课题研究的依据。微课资源的应用是课题研究的问题。小学数学是研究的对象，小学是研究应用的范围。该课题的研究问题有两个方面，一是小学数学微课的制作收集，二是各个学校教师可视化小组的学习活动。通过这两个大问题的收集，知道了小学数学微课实践课堂是一个什么样的过程。接着分成提出假设、理论建构、实践研究、形成结论四个步骤。提出假设包括调查、测试、分析，使用的是调查研究法和统计分析法；理论建构包括培训师生、论证方案、建构理论和提出策略，使用的是文献分析法；实践研究包括规划活动课程、课内实践活动、重点案例研究和网上微课实践，使用的是行动研究法和案例分析法；形成结论包括校内普及应用、区内推广应用、观察相关规律、研究应用成效，使用的是经验总结法。从研究的整个过程，即提出问题、分析问题、解决问题、形成结论来看是合乎逻辑的，每一个环节都有相当清晰和相对应的研究方法和研究成果。

案例二：课题"'六顶思考帽'在幼儿园听评课活动中的运用研究"。该课题的主题是"听课、评课"，核心是如何将"六顶思考帽"的理论应用在听课评课活动中。运用文献分析法解析"六顶思考帽"的使用方法。运用行动研究、个案研究、比较研究等方法探索"六顶思考帽"在听课、评课评价中的应用。通过比较使用"六顶思考帽"前后的变化，评价"六顶思考帽"的成效，并提出新的听课、评课模式。"六顶思考帽"的原理告诉我们，可以安排人员从教学要素的角度、学科的性质特点等方面看同一件事情。在听课、评课时，用"六顶思考帽"的原理进行分工，比如甲用"红帽子"的要求听课，评课就评"红帽子"规定的内容，乙用"蓝帽子"听课，就用"蓝帽子"的要求评课。应用"六顶思考帽"的原理可以形成一种新的教研模式。这种新的教研模式可以解决以下问题。

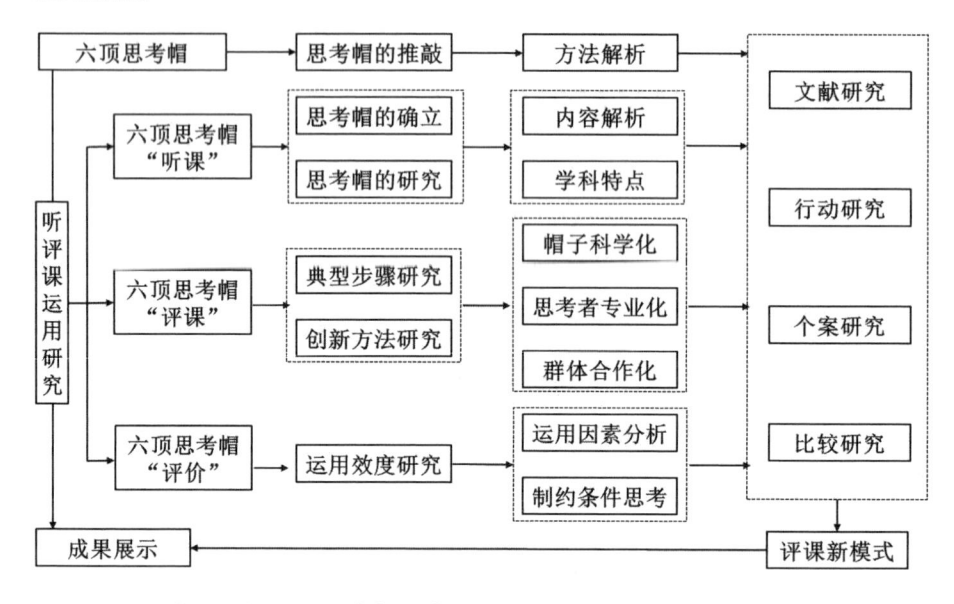

```
┌──────────┐    ┌──────────┐    ┌──────────┐
│ 六项思考帽 │───▶│ 思考帽的推敲│───▶│ 方法解析  │───┐
└──────────┘    └──────────┘    └──────────┘   │    ┌──────────┐
      │                                         ├───▶│ 文献研究  │
      │         ┌──────────┐   ┌──────────┐   │    └──────────┘
      │    ┌───▶│ 六项思考帽 │──▶│ 思考帽的确立│──▶│内容解析│───┤
      │    │    │   "听课"  │   ├──────────┤   │    ┌──────────┐
      │    │    └──────────┘   │ 思考帽的研究│──▶│学科特点│   │ 行动研究 │
听评课│    │                    └──────────┘        └──────────┘
运用研│    │                                        
究    │    │    ┌──────────┐   ┌──────────┐    ┌──────────┐
      │    │    │ 六项思考帽 │──▶│ 典型步骤研究│──▶│帽子科学化│
      ├───▶│    │   "评课"  │   ├──────────┤    ├──────────┤    ┌──────────┐
      │    │    └──────────┘   │ 创新方法研究│──▶│思考者专业化│──▶│ 个案研究 │
      │    │                    └──────────┘    ├──────────┤    └──────────┘
      │    │                                    │群体合作化│
      │    │    ┌──────────┐   ┌──────────┐    └──────────┘
      │    └───▶│ 六项思考帽 │──▶│ 运用效度研究│──▶│运用因素分析│
      │         │   "评价"  │   └──────────┘    ├──────────┤    ┌──────────┐
      │         └──────────┘                    │制约条件思考│──▶│ 比较研究 │
      │                                         └──────────┘    └──────────┘
      │         ┌──────────┐                                          │
      └────────▶│ 成果展示  │◀─────────────────────────────────┤ 评课新模式 │
                └──────────┘                                     └──────────┘
```

图 8-3 课题"'六项思考帽'在幼儿园听评课活动中的运用研究"思路

第一，避免每个听课评课的人的关注点都在同一个问题上。由于教师听课时，都是根据自身的经验进行的，自己的关注点跟其他老师关注的可能不同，也有可能相同。而教师评课时，可能你想到的问题我也想到了，等到你表达完毕，我却没有什么可表达的，这是大家经常遇到的尴尬事。

第二，要让每个老师都用心去观察。引导教师在听课和评课中能够真正发现问题，给授课者提出更合理的意见和建议。首先，课题组用行动研究的方法对拟定的问题开展研究，先思考第一轮研究拟解决什么问题，需要通过计划、观察、反思和小结四个阶段，发现新的问题之后再开展第二轮的研究，用计划、观察、反思和小结的方法收集另外的内容或发现新的变化。其次，课题组用个案研究的方法处理具体问题的研究，比如使用不同的研究方法在同一个班进行两次研究，或者是不同的老师用同一种方法进行研究，对师生在课堂中的表现、取得的成效进行分析。在实践研究中，研究者要对具体的问题进行具体分析，用合适的研究方法去解决问题。对

"六顶思考帽"在听课、评课中使用效果要进行梳理和评价,检验其信度和效度,以总结出听评课的新模式。这种新模式是推进学校高品质建设的有效手段。

案例三:课题"协同视域下乡村学校振兴路径的实证研究"。这是我本人的课题。课题研究的技术路线图是在黄甫全教授的指导下完成的。通过自己画图,我对教育研究和技术路线有了更深刻的理解,对自己构建一个严密的思维结构有很大的帮助。"协同"是课题的理论依据,即在"协同"理论的指导下,研究的问题是学校振兴,中间加了一个特定的词语,指研究的范围是乡村学校,使用的研究方法是实证研究。课题搭建了"协同视域下乡村学校振兴的原理"理论框架,包括三个方面的内容:多方协同的路径综述,乡村学校振兴的时代背景和学校诊断、督导、评估的方式。研究问题是"多方协同的价值及乡村学校振兴实际效应",包括多方协同路径的理论构建、乡村学校振兴路径创新、乡村学校振兴效应评估。

图 8-4　课题"协同视域下乡村学校振兴路径的实证研究"思路

理论框架："协同视域下乡村学校振兴"原理
- 多方协同路径综述
- 乡村学校振兴时代背景
- 学校诊断、督导、评估方式

研究问题：
- 多方协同的价值及乡村学校振兴实际效应
- 多方协同路径的理论构建
- 乡村学校振兴路径创新
- 乡村学校振兴效应评估

研究内容：协同视域下乡村学校振兴路径的实证研究
- 多方协同的互惠机制与协同目标
- 乡村学校振兴的多维路径理论
- 乡村学校改进的诊断、督导、评估实例
- 乡村学校振兴的成效评价

研究方法：实证主义与扎根主义
理论依据	实证主义与扎根主义
研究方式	文献研究、实证研究、案例国际比较
数据收集	问卷、观察、访谈、经验性结结材料
数据分析	逻辑分析、SPSS、CiteSpace、NVivo

研究成果：
- 理论建构
- 效应评估和路径创新
- 样例

1. 论文《文化重构：乡村学校振兴的作用机制》
2. 论文《乡村学校特色课程的开发研究》
3. 论文《乡村学校学生学习成就提升策略》
4. 论文《论乡村振兴中乡村学校的新角色》《乡村学校文化建构路径创新》
5. 研究报告《乡村学校振兴路径创新》
6. 著作《乡村学校振兴的实践案例研究》

研究内容是根据研究的问题确定的，即"协同视域下乡村学校振兴路径的实证研究"，包括多方协同的互惠机制与协同目标，乡村学校振兴的多维路径理论，乡村学校改进的诊断、督导与评估实例，乡村学校振兴的成效评价等几方面。

研究方法方面，其理论依据是实证主义与扎根理论；研究方式有文献研究、实证研究、案例研究、国际比较；数据收集一般通过问卷、访谈、观察、经验性总结材料来达成；数据分析一般用逻辑分析、SPSS、CiteSpace、NVivo等。

预期的研究成果，包括四篇论文、一篇研究报告、一本相关的著作。

由于基础教育科研管理部门对研究的技术路线没有相应的要求，故接触和使用的教师相对较少，在课题研究中也就没太注意。给我的感觉是，中小学教师申报的市级课题，只要没有什么原则性的问题且能讲清楚大概意思，就能通过立项，这也可能是中小学教师没有办法申报更高级别课题的原因之一。

校长们要把教育研究与学校改进、高质量发展紧密联系起来，努力用研究的视角、研究的方法来处置学校治理的问题。从学校治理的角度来看，要思考"治"的"理"是什么，怎样做到依"理"而"治"，"治"而有"果"。因此，我们需要把研究和实践之间的关系理清楚，打通关键节点。这样不管是做教育研究，还是治理学校，我们都可以做到心里有底气，工作上能接地气，在持续发展方面有锐气。

第九讲　现代教育之术

以人工智能技术为代表的新一代信息科技正在成为教学创新变革的重要驱动力。它对教育教学提出了变革与创新的需求，提供了新的方法手段，也带来了新机遇和新挑战。

一、教育的挑战和机遇

2021年11月，联合国教科文组织面向全球发布了有关"教育的未来"的重磅报告——《一起重新构想我们的未来，为教育重新打造新的社会契约》（以下简称《报告》）。《报告》强调未来教育必须直面技术变革带来的一系列问题。它提出了三个值得大家思考的问题：第一，如何为教育打造新的社会契约，未来我们应该继续做些什么？第二，我们需要抛弃什么？第三，我们需要创新什么？

（一）教育新技术带来的挑战

未来，我们要继续做什么？首先要厘清教育的本质。叶澜教授曾说，教育就是"教天地人事"。《报告》呼吁重新定义教育的目的，认为"教育旨在团结我们（人类）共同努力，塑造以社会、经济和环境正义为基础的可持续发展目标，并为其提供必要的知识、技术和创新"。教师、学校管理者，毋庸置疑的是要热爱我们的教学、我们的学生和树立终身学习思想。在面对教学之难、教学之挫折、教学之失败时，要学习树立正确的教育教学观念，这是大家面对未来需要持续去做的事情。

我们需要抛弃什么？在未来的教育变革中，我们需要抛弃的其实无非是一些与时代不符，或者与时代发展趋势不够贴近的教育观念。我们应该树立一个与时代相贴切的、以人为本的教育观念，并持续地贯彻落实。

我们要去创新什么？人工智能带给高质量教育和学校教育最关键的挑战，不是技术、方法的挑战，也不是教学内容的挑战，而是对教师的挑战。

基于以上三个问题，面对这样一个新的社会契约、新的社会，从技术的视角，教育工作者将会面临新的挑战。当前世界范围内的教育数字化、信息化基础设施建设存在严重缺口，一段时间后会更加暴露了数字鸿沟引发的教育鸿沟问题。数字鸿沟问题不仅仅是技术鸿沟，它的另一面是素养鸿沟。因此，在熟练使用数字技术的基础上，教师和学生还应当"有意义地使用数字技术"，理解和掌控数字社会的政治、经济、文化要素与规律。

（二）教育技术带来的机遇

从技术的视角来看，未来教育要直面技术带来的变革及其产生的一些系列性的问题。比如，在教育中选择应用现代技术时，如何规避技术的泛滥或规避技术的不安全等引发的伦理问题？如何创造更多的以人为本的体面工作？如何在智能时代体现人文关怀的价值？这需要从技术的角度去思考未来的教育应该怎么去操作。

1. 放眼未来

从报告中可以发现，从技术的视角凝练面对未来的一个社会契约，人与技术的关系，应该重点思考人与技术的关系。首先，如何弥合教育的数字鸿沟？做好教育新型基础设施建设（以下简称"教育新基建"）。教育新基建是2021年首先提出的，教育新基建有助于基础教育的高质量发展。新时代的学校发展，在信息基础设施建设、融合基础设施建设和创新基础设施建设等三个方面可以助力学校高质量发展。其次，基础教育的数字鸿沟越来越大，这不仅是基础设施建设的问题，还包含了师生数字素养的问题。新技术广泛应用，不断地渗透到教育教学过程中。进而老师和学生的数字素养存在马太效应，产生的差距越来越大。那么，如何整体的提升师生数字素养呢？其实《报告》中也非常清晰地给了我们指引。基于数字空间，要培养学生在数字空间中的理性精神、同理心、创造力和审辩式思维。面对教育的未来，需要教师提升自己的行动力、领导力和创造力。新时代的校长，在实现智能教育过程中同样应该具备数字素养和技术能力，以应对未来教育的发展。

2. 组建协作团队，以更好地发挥教师的特长

每一位教师都有自己的专业所长，在团队协作中做到合理分工，可以培养老师和学生的综合素养，对师生提升信息技术的水平、促进信息技术与教育教学的融合有较大帮助。《报告》倡导知识共享课程，其实这就是团队协作的结果。技术人员、教育工作者和资源提供者，通过交互、协作为教育的未来提供一切可能。

3. 建立联系

学校课程的建设应当从人类共同知识中汲取养分，倡导知识共享，培养人的核心素养。未来课程需要新的知识观来决定"应该学什么"，必须在它所传播的知识、能力和价值观之间建立新的关系。

第一，课程内容需要统整，比如东莞市松山湖中心小学一直在做的统整课程项目。在课程内容当中越来越需要融入更多的关于教育环境、教育生态多样性的内容。如何将这些内容进行整合呢？教育者需要站在生态学的角度，去理解我们人类，理解人与自然的关系，然后通过环境教育或者生态多样化的教育，结合课程的内容去理解我们对于社会契约和生态正义的承诺。

第二，通过对话和行动，即项目式学习，共享人类的知识。结合这一新的知识观，决定学生未来需要学什么，及它需要传播的知识、价值观和能力到底是什么，然后通过对话，促成新的知识价值观和能力的新关系，并以这样的有效的价值观去促进整个人类社会的持续性发展，最后将整个知识体系纳入全人类的伟大遗产之中。

第三，应该以科学素养、数学素养和人文素养三大核心素养为导向，并将这些素养融入课程内容的教学中，进而去解决人类社会现存的一些很复杂的问题。

2022年6月29日，教育部部长、联合国教科文组织2030年教育高级别指导委员会领导小组成员怀进鹏以视频方式出席教育变革峰会预备会议和2030年教育高级别指导委员会领导小组会议并讲话，指出"坚持适变应变与共同发展的教育观，应推动教育变革，提高数字化与绿色转型能力。大力推动教育数字化转型，改变教育生态、学校形态、教学方式，帮助人们适应数字化时代。通过绿色教育推动生态文明建设，实现人与自然和谐共处。推进终身教育与职业教育，建设学习型社会，更加注重人类命运共同体意识的培育"。面对未来教育的发展，我们应该如何构建学校区域的教育生态；如何形成或者塑造学校的教育形态，改变每个老师的教学方式，这些都是值得思考的问题。

二、教育的创新驱动力

（一）国际研究的趋势

联合国教科文组织发布的《后疫情世界的教育：推进公共行动的九个构想》提道："在教育转型的过程中，要保护学校提供的社会空间。传统的课堂组织必须让位于多种'办学'的方式，而学校作为一个独立的集体生活时空，必须保留其不同于其他学习空间的专用性。"这对学校开展教育教学需要提供专门空间提出要求。美国学校网络联合会（Consortium for School Networking，简称COSN）于2022年邀请100多位教育领导者、研究者、技术专家和变革专家来探讨和明确推动技术教育发展的重要挑战、趋势和技术运用。咨询委员会通过在线讨论和调查投票，确定了最重要的挑战、趋势和技术工具。在所考虑的许多重要且有影响力的话题中，有9个上升为2022年推动创新的关键考虑因素。

1. 承诺加强教育这一共同利益。教育是抗击不平等现象的壁垒。无论在教育还是在医疗卫生方面，当每个人都安全时，我们大家才会安全；当每个人都蓬勃发展时，我们大家才会蓬勃发展。

2. 扩大受教育权的定义，使其能够应对连通性以及知识和信息获取等重要问题。委员会呼吁就扩大受教育权的方式进行全球公开讨论，参与者包括来自各个年龄段的学习者。

3. 重视教师职业和教师协作。我们必须鼓励创造条件，赋予一线教育工作者自主权和灵活性，便于他们采取协作行动。

4. 促进学生、青年和儿童的参与和权利。代际正义和民主原则，要求我们把学生和青年的广泛参与作为优先事项，与他们共同构建令人向往的变革事业。

5. 在教育变革过程中，保护学校所提供的社会空间。作为物理空间的学校不可或缺。传统的课堂组织形式必须让位于多种多样的"办学"方式，但学校作为有别于其他学习空间的特定而独立的集体生活时空，必须予以保留。

6. 向教师和学生提供免费开源技术。必须支持开放式教育资源和开放式获取数字工具。脱离教学空间及师生互动关系而设置的现成教学内容，不能使教育得到蓬勃发展。教育也不能依赖由私营公司所控制的数字平台。

7. 确保将科学素养纳入课程。对课程进行深刻反思正当其时，尤其是在我们与否认科学知识的行为作斗争并积极打击错误信息的当下。

8. 保护国内和国际公共教育供资。各国政府、国际组织以及所有教育和发展伙伴必须认识到加强公共卫生和社会服务的必要性，同时必须为保护公共教育及其供资动员起来。

9. 促进全球团结，结束目前的不平等状况。委员会呼吁对国际合作和多边主义作出新的承诺，同时重振以同理心和体认我们共同人性为核心的全球团结。

教育者应该如何选择有效的数字协作路径呢？《报告》中提到三个层面：第一，构建面向未来的学习环境。如果学校目前没有这样的硬件条件，又如何去创造这样的环境呢？其实可以联系上文提到的联合国教科文组织的九个构想之一，只要提供一个社会空间，也能为孩子们提供有效的学习环境。提供这样的环境，有助于开展项目式学习的课程构建，有助于改变教学形态和教学方式。第二，要更加关注学习过程，而非最终的成效、结果。第三，持续关注技术的有效使用。需要强调的是，要优选、适度地去使用技术，要有选择性和针对性，这样才能有良好的效果。

（二）中国教育现代化的崛起

1. 加强教育新基建。国家要加快建设全国范围的教育专用网络和"互联网+教育"的大平台，构建网络学习空间。想要发展面向未来的学校教育，核心内容还是要做好网络基础建设。在2021年，教育部等六部门印发了《关于推进教育新型基础设施建设构建高质量教育支撑体系的指导意见》（下简称《意见》），为优化学校环境建设提供了指引。

2. 聚焦在课堂，开展项目式学习。根据驱动性问题设计项目式学习活动。

案例一："落叶对大地的情意——设计制作堆肥箱"。张家港市实验小学的南校区是一座美丽的百草园，该校 STEM 社团的学生通过头脑风暴，认为设计制作堆肥箱，用堆肥箱对枯枝落叶进行堆肥，是更有效、更合理的环保方法。整个项目的实施以学生为中心，以解决问题为驱动。该项目的问题设计有三大特点：首先，问题的解决方案并不固定，呈现出多元化。其次，问题在解决中可以用到学科教学中的重点知识和核心概念。最后，问题的解决可以还原在具体的情境中，并且对学生有深刻的教学意义。

案例二："探研沙头角河"。这个案例的项目式学习中，不仅包括活动要素，还包括问题、情景和结果等内容。驱动性问题不断被拆分为子问题，而子问题的解决方案有很多种，学生可以结合自身的理解和喜好选择不同的解决方式。这个过程也是学生对问题的探究过程，并不是简单地做出固定答案完成任务。

在实践过程中，教师可以结合相关的问题给学生提供材料搜集的大方向，在互联网、大数据等信息技术的支持下，帮助学生接触到更多、更有价值的资料，并且通过网络平台实现对材料的整理、分析和分享，提高项目式学习的教学效果。在利用"互联网+"模式进行项目式学习时，教师需要注意以下几点：首先，留给学生足够的时间来搜集资料，以提高学生对网络技术的适应和使用能力。其次，在教学前可以对信息技术进行简单讲解，如相关搜索软件的介绍、信息平台的利用、搜索技巧和数据真假的辨别等内容，提高学生对网络资源的利用率，并从多个角度完成对问题材料真实性的验证工作。

3. 在技术驱动过程中，《报告》提出要不受带宽和网络的限制，这也和教育部等六部门发布的《意见》的理念相符合。通过技术的驱动，我们可以利用课堂大数据或者课堂小数据去实现个性化的教学，为个性化教学提供力量支持，从而为孩子们的学习提供更多的可能性，保障他们学习的权利。这些数据可以加强政府行政机构、学校、教师、学生、家长等各方面的联系，但在使用过程中也要注意数据文化和数据伦理的问题。教育部组织的新闻发布会宣布更新了"国家中小学智慧教育平台"的资源。国家中小学智慧教育平台是国家花了非常大的力气构建的网络学习空间，平台上面有丰富且优质的学习资源，可以供教师和学生去使用。可以好好地使用这个平台，去促进教育教学的发展。

关于如何基于数据进行教育创新，可以基于生成性学习资源开展精准教学，或者采用变式去实施，主要分为五点：一是分析需求，弹性预设；二是研读资料，自主学习；三是群体交互，生成资源；四是展示交流，共享资源；五是评价反思，更新优化。这些内容总结起来看，分为三个环节：第一是在线导学，先把教学需求推送给学生，让学生去了解和学习；第二是在课堂教学过程中，通过实时的活动环节进行助力；第三是利用线上的方式进行深化和交流。最后对学生在学习中的生成性资源做一个总结，通过平台收集起来，进行进一步的分析，基于这样深层次的学习资源来实现精准教学。

总的来说，可以通过以下路径驱动教学创新：第一，要保持对教育教学的热爱；第二，要树立正确的未来教育教学观；第三，要多研究跨文化、跨学科，体现生态性等类型的课程。

专题四　高品质学校建设之"器"

第十讲　校本课程建设

《易经·系辞》写道："形而上者谓之道，形而下者谓之器。""形而上"与"形而下"，是中国古代哲学中分别用来描述抽象与具象两种范畴的概念。形，是指形体。"形而上"是指"道"。道，宇宙的本源，形而上的本体，超越一切世间的存在，包括时空能量因果这些存在。"形而下"是指有形体、形迹的存在，指可以捉摸到的东西或器物、工具，也就是"器"。器，有形的存在，大器者，名也，即文字、文理、真理、公理，是道之载体。这里的"上"与"下"，指抽象的相对位置。道为上界，统领下界作为器的自然万物。

道与器不是对立的，道与器有着辩证统一的关系。器是道的显现，器合于道才能成为利器、大器。器是有形有相的，道是无形无相的，无形决定有形，本质决定现象，观念决定行为，心境决定事功。

中央教科所的陈如平教授提出学校治理道、法、术、器四字经：道是指教育教学、学校管理的基本规律和学生身心发展规律；法是指学校规则体系和运行机制，以及学校制订安排和制度设计；术是指教育教学、管理的方式、方法、手段、策略，以及技术、工具；器是指实践形态，如平台、载体、抓手等。学校治理中的"器"包括课程、环境、活动等。

人若能实现道与器的有效结合，可成就大事业；学校若能实现道与器的有效结合，可铸就好品牌。

学校品位要素涵盖"理念与课程"，回答"应该是什么样"的问题；教育质量要素涵盖"管理和教学"，回答"应该怎样做到"的问题。如何实现高品质呢？就需要校本研修以及学校的评价体系作为辅助。校本课程建设的层次影响学校品位。校本课程的建设是促进学校高质量发展的重要抓手。

跟大家分析这些内容，主要还是让大家回忆和反思自己学校的课程建设中遇到了什么问题，比如说校本课程到底是什么，怎样开发，跟高品质学校的建设有什么关系等。如果对校本课程的概念、内涵以及外延没有深刻的理解，在校本课程建设中就有可能会"跑偏"，我们一旦"跑偏"，就无法聚焦在我们"想办什么样的学校""想培养什么样的学生""用什么来培养这样的学生""用谁来培养这些学生"上面来。这四个问题也是我们在教育过程中经常会被问到的。

一、课程理论概述

1. 课程的概念

从广义上来看，课程是指学生在校期间所学内容的总和以及进程安排。从狭义上来看，课程特指某一学科。我们所研究的课程是广义的，是各级各类学校为实现培养目标规定的学习科目以及进程。课程论专家施良方教授从六个角度给课程下了定义：第一，课程即教学科目；第二，课程即有计划的教学活动；第三，课程即预期的学习结果；第四，课程即学习经验；

第五，课程即社会文化的再生产；第六，课程即社会的改造。

如何把握课程的基本意义？必须掌握它所包含的三层意思。第一，课程是某一类学校所要进行的德智体美劳的全面教育和全部教育的总和。第二，课程不仅包括各门学科的课内教学，也包括课外活动、家庭作业、社会实践等。在构建课程体系的时候，往往会局限于课内教学工作。第三，课程兼有计划、途径、标准的含义，不仅规定了各门学科的目标、内容及要求，而且规定了各门学科设置的程序和课时分配，以及学年编制和学周的安排。

2. 课程的作用

从课程的基本概念来看，课程到底有什么作用，它跟学校"培养什么样的人""如何提高学校育人的质量"有很大关系。

从社会角度来看，课程是实现教育促进人的发展和社会进步的两大任务的载体，课程的目的一是保持和继承人类文化遗产，二是要发展人类文明。学生学习的是人类的文明成果，这里包含了继承、传承的意思，教师在梳理人类文化中最优秀的成果的同时，用它来教化人，促进人类进步。

从教育的角度看，课程可以科学、系统、规范地整合教育内容。任何一个教育体系中，课程都居于中心地位。新课程标准总的指导思想是：国家、地方和校本三级课程，同等重要，互为补充。我国幅员辽阔，特别是地理上经度和维度跨越比较大，从南到北、从东到西，学校如果都使用同样的课程，就没有办法把地方的山水、气候、人文等方面的东西彰显出来，也就难以办出有特色的学校或者培养出有个性的学生，因此需要根据地方和学段的实际对课程进行分层、分类、分设。

从学校的角度来看，一所理想的学校应该有一个面向所有学生的课程体系。课程是核心产品，是把学生、教育者和管理者紧密联系在一起的纽带。国家课程落实的是国家总的教育方针；地方课程落实地方实际的拓展；校本课程是在保证不偏离国家教育方针、地方教育要求的情况下，落实学校的育人理念和目标而编制的。如果缺少了地方课程、校本课程，学校就缺少了办出特色的抓手和支撑。校本课程是落实办学理念的重要载体。每一位校长都要有自己的办学主张，并要明确办什么样的学校、培养什么样的人。学校首先要根据国家的教育方针，然后结合地方的科技、经济、文化，以及学校所在地的风土人情实际，来拟定适合学校招生范围内的学生的培养目标，开发具有地方特色的课程，优化学校的课程体系。校本课程的实施能为培养合格的社会主义建设者提供特色人才、特长人才。

从教师的角度来看，课程是教师专业化发展的内外部动力的统一体。教师既要上好课，也要做到整合学校周边的优质教育资源，发挥教师自身的特长，使学校的课程更加丰富。钟启泉教授认为，教师即课程，就是将课程的要素在教师身上具象化，融合在教师的教学主张里。从这里可以看出，课程对一个老师的专业成长的重要性。

从学生的角度来看，课程是机会，是全面发展与个性成长的机会，有什么样的课程就有什么样的学习和成长的机会。北京十一学校开发了几百种课程，重庆的谢家湾小学也有上百种课程，学校设置这么多的课程就是为了学生的全面发展和个性成长。就像吃自助餐一样，不同的菜肴适应不同学生的需求。学校课程越多，学生选择的机会也越多。培养全面而个性化发展的学生，需要学校开发适量的课程供学生选择。

总的来说，课程是实现办学理念和育人目标的基本路径和重要载体，课程体系是使学校办学真正落地的"整体图谱"。课程建设是课程领导、课程设计、课程实施、课程评价、学校文化重建等多方面要素互动的结果。《义务教育学校校长专业标准》要求校长必须领导课程教学，领导课程教学是校长们必备的能力。

第十讲 校本课程建设

3. 课程的类型

从课程所固有的属性来看，课程可分为学科课程和经验课程。从课程的内容组织形式来看，可以分为学科课程和综合课程。从课程实施的要求来看，可以分为必修课程和选修课程。从课程的表现形态以及对学生发展产生的影响方式来看，可以将学校的课程分为显性课程和隐性课程。显性课程其实就是平常的课堂教学和相关的工作；隐性课程指的是潜移默化的学校文化、师生的交往等，包括学校的各类庆典，以及学校表彰的一些先进个体或集体、优秀师生的榜样示范。从课程实施的方式来看，可以将学校课程分为传授性课程和研究性课程。从课程的设计开发与管理主体的角度来看，可以将课程分为国家课程、地方课程和校本课程。

4. 课程的结构

学校课程有很多种呈现的形式，如课程计划、课程方案、课程标准、课程表，教科书等。归纳起来看主要有两种形式。

一是体系结构。所谓体系结构是指在特定学段中设置的所有课程所形成的结构，它一般表现为课程计划、课程方案和课程表。课程计划是课程设置的整体规划，决定着教学内容总的方向和总的结构，并对有关学校的教学、教育活动，生产劳动，课外活动，校外活动等各方面作出全面安排，具体规定学校的学科设置、各门学科的教学顺序、教学时数以及各种活动等。中小学一般没有把课程计划作为学校工作计划中的一个重要项目，但是在大学是有课程计划的，这门课教师怎么教，要符合课程计划。课程的方案是指如何通过这门学科达到育人的目标，或者是促进学生的某些素质的提高。课程表是我们日常看到的，说明每一天安排哪些课程，有哪些老师来上哪一节课，大概上多长时间。

二是科目结构。科目结构是指在某一具体科目中所形成的课程内容的结构，它包括各类课程内容之间以及同类课程内容之间所形成的关系形态，即课程内容各要素所形成的关系形态，如学科知识之间的结构关系、知识与技能的结构关系等。科目结构的呈现形式主要为课程标准（或教学大纲）。

此外，项目式学习其实是一种学科与学科之间的知识结构关系。从课程标准修订的内容，以及新技术在教育教学中的深度介入，我们会发现，教与学的方式、方法在不断发生变化。科目结构相应地发生变化，交叉、互补性变得越来越强。

5.课程建设的思路

课程建设是学校发展的核心，是实现培养目标的重要抓手。一般来讲，学校坚持以学生的发展为核心的课程理念，学校的培养目标必须以核心素养为依据、以学生的发展作为模型，应把学生在学校期间所有的课内课外、校内校外的活动等都纳入课程范围之内。课程建设应坚持课程、教材、课题、教师的四位一体，实现课程建设的"六化"思路，即：国家课程校本化，校本课程生本化，所有活动课程化，课程开发课题化，课程建设精品化，教师成长专业化。

2018年，我跟很多学校开始合作建设课程，协助学校创建东莞市的品牌学校。我用"四位一体""六化"的理念，帮助学校做顶层设计，在办学理念下构建课程体系，规范课程的选择、开发、优化、实施、评价等，共同研制课程管理制度、教学优化方案，推动形成教学特色、课程特色，努力朝着品牌学校的方向前进。课程的建设使学校在品牌学校培育中的目标和思路更加清晰、基础更加牢固，能够快速提升教育教学质量。

在课程的构建上，学校可以以"夯实基础型课程、发展拓展型课程、优化研究型课程"作为学校课程建设的总体思路。"夯实"就是稳固提高，要有一定的课程规模，更要提高课程质量。"发展"就是完善提高，是在质的层面上增加课程的分量，丰富课程的内涵。"优化"就是调整创新，在课程的开发与实施方面要有新的思路、新的突破。在课程体系的构建上，学校一定要避免课程构建的碎片化。基础型课程以夯实取向为主，重在提升内涵，要有抓手；拓展型课程以调适取向为主，重在形成规模，要有特色；研究型课程以调适和创新取向为主，重在过程管理，要有方法。

二、关于校本课程

（一）校本的内涵及要素

所谓校本，是以校为本，是一种重视学校自身力量和学校自身发展的教育理念。其主张在政府宏观指导下，学校积极参与自主办学和自主发展。校本有三大基本要素，即基于学校，为了学校，在学校当中。

（二）校本课程概述

1.校本课程的内涵，有很多专家的观点可供参考。徐玉珍认为校本课程是立足于本校以及国家，以地方制定的课程纲要的基本精神为指导，结合本校的性质、特点、条件以及可以开发利用的资源，由学校成员自愿自主独立开展，或者以学校为单位合作开展的，旨在满足本校所有学生学习需求的一切形式的活动课程。这个观点指出了校本课程必须立足于本校，根据本校学生的特点和需求整合地方特有的优质教育资源，开发出本校独有的课程。

吴刚平教授认为，校本课程建设是在国家规定范围内，以教学大纲的基本精神为指导，以学校为依托，以教师为主体，根据学生的特点开发可用资源，是学校课程建设的重要内容，在课程的目标内容设置及课程决策等方面显示出强大的教育优势。比如常平实验小学根据地方实际，充分挖掘地方红色资源（老红军），及非物质文化（旱木龙、剪纸、版画等），以此为基础开发相应的校本课程。校本课程承接了学校的办学理念（尚美教育），结合了学生身心特点和生活实际，展示了校本课程的适切性。

2. 校本课程建设的目的。校本课程建设的目的是弥补国家课程、地方课程的不足，是为了推动教育教学改革、培育学校特色、促进教师专业成长和学生全面而富有个性的发展。我国有56个民族，每个民族的文化、风俗、资源都不同，很有必要用校本课程来弥补不足。同时，各民族的生活习性不同，授课时间的长短不同，教育结构和课程体系也需要完善，以奠定学校特色发展的基础。

3. 校本课程的价值。翁乾明认为，校本课程的重点，应在于培根、铸魂、启智、增慧、润心，用于解决学校发展的制约因素。广州市番禺区市桥中心小学原校长柯中明曾经在一所农村小学担任校长，他认为"根"的教育对小学生特别重要，扎根、培根是一种情感、情怀、胸怀，是让学生知道自己从哪里来，要到哪里去。这个观点和他从外地调来广东工作，需要考虑在广东如何立足、如何生存、如何发展的经历有关。这是校长的家乡情怀、民族情怀和教育感悟的体现。基于这样的考虑，他结合地方实际和新时代学生的特点，创建本校独有的课程，教学生在学习中如何开发心智，在教学改革和技术革新中增加教师和学生的智慧，同时让学生在心灵上不断受到潜移默化的影响。创建高质量的学校，塑造学校品牌，必须有独特的校本课程做支撑。

4. 校本课程建设的要求。学校的课程体系必须贯通办学理念、课程目标、课程内容、课程实施与评价。校长们可以反思一下本校的课程体系跟学校的办学理念是不是对应的关系，如果不是对应关系，且不协调，那么学校的课程体系就要修改，或者是重新修订学校的办学理念。这是两难的问题，也是校长经常会遇到的取与舍的问题。校本课程目标处于办学目标的下位，课程内容、课程实施也必须围绕办学理念和学校特色建设目标。如果校长既想保证学校办学理念不变，就必须改造、升级、优化已有的校本课程。对于无法改造、升级、优化的旧课程，要做出取舍、决断。

（三）校本课程体系构建

"中小学课程研究"微信公众号上推出了黄津成写的《自下而上的学校课程体系构建之方略》这篇文章。文章提出校本课程体系的构建有三个基于：一是基于学校的实际和生源的特点等因素，由各学科进行基于学生的、有学校特色的、有"学科特质"的学科培养目标的"生成"。二是基于生成的学科特色培养目标和统一的学科课程目标的基本要求，向下分解成不同年段的学科素养的培养要求，从而生成学校的校本化的课程目标体系。三是基于生成的学科特色的培养目标，进行学科间的贯通和融合，提炼、提升出学校层面的特色育人目标，即学校自己的对学生成长提出的特质标准。

校本课程体系的构建，需要校长根据自主生成的学校特色化的课程目标体系，对已有的国家课程、地方课程和校本课程进行梳理，进一步推进国家课程和地方课程的校本化改造，整理和调整自主开发的校本课程。能与现行课程目标匹配的校本课程，保留下来并进行优化；不完全匹配的校本课程，则进行调整和改造，促其融入学校课程的整体设计中去；完全不匹配的校本课程，则应该"忍痛割爱"，坚决淘汰，以避免学校课程碎片化。如果在学校课程体系的结构中存在"空白"，则应该通过新的课程设计和开发进行"填补空白"的工作，逐步完善学校的课程体系。体系构建有一个过程，需要学校的课程管理者和教师有"全局"课程意识。

特别强调，校本课程的建设要结合办学理念和国家的育人要求，建构起既有统一要求，又有校本特质要求的学校培养目标体系。再根据学校课程建设的相关要求，分解、演化并最终生成学校的特色化校本课程目标体系。

现在很多人习惯碎片化学习，没有养成进行系统、整体的阅读的习惯。校长需要系统学习课程理论，理解课程建设与学校高品质建设的关系，把碎片化的知识链接起来，形成自己的知识体系、思维结构和建设思路。前面提到的"六化"思路给了我们启示，给了我们参考。

（四）校本课程的框架设置

对众多的校本课程理论进行梳理的结果是，校本课程可以分成三个基本类型，分别是基础型课程、拓展型课程和探究型课程。基础型课程又分成三个层次，第一是学科基础课程，第二是学科基础科目，第三是必修课程。拓展型课程分成学科类拓展课程、综合类拓展课程和实践类拓展课程。学科类拓展课程包括学科拓展科目，是限定选修课程；综合类拓展课程分成科学素养科目和人文素养科目两大类型，它们是自主选修的课程；实践类拓展课程是必修课程。探究型课程包括项目或课题，也是必修课程。

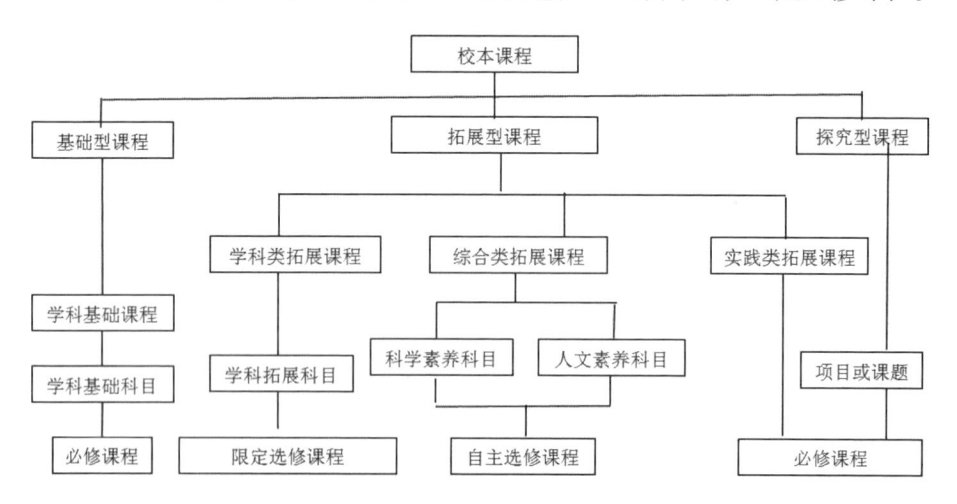

图 10-1　校本课程的框架设置

学科类拓展课程指基础型课程的科目知识、技能、过程、方法、情感态度价值观的拓展，为限定选修课程。综合类拓展课程指学习领域关于科学素养和人文素养的拓展课程，供学生自主选修，包括以学期为周期的长课程，也有研讨式的短课程。实践类拓展课程包括学校各类教师主导、学生主体参与的主题教育活动，教师指导下的学生社团，及学生社会实践活动等。

很多时候，我们感觉不到小学长课程和短课程的区别，没有把它当作真正的校本课程来看待，这是学校所忽略的地方。但是在高中、大学，像讲座式、讨论式的管理课程，及一些大型的活动，都是被列入学校课程体系之中的。

（五）校本课程的开发

从校本课程开发的具体活动方式来看，校本课程开发可以分为课程选择、课程改编、课程整合、课程补充、课程拓展和课程新编等类型。

1. 课程选择，是校本课程开发中最普遍的活动，是指从众多可能的课程项目中决定学校付诸实施的课程计划的过程。

2. 课程改编，是指针对与原有课程准备对象不同的群体进行的课程上的修改。校本课程开发中的课程改编主要是指教师对正式课程的目标和内容加以修改以适应他们具体的课堂情境。

3. 课程整合，是指超越不同知识体系而以关注共同要素的方式来安排学习的课程开发活动。课程整合的目的是减少知识的分割和学科间的隔离，把受教育者所需要的不同的知识体系一联结起来，传授对人类和环境的连贯一致的看法。比如STEM教育，它作为一个有机整体，其课程整合需要超越知识分支与学科分化的视界，从学科本质属性出发深度融合。从课程设计角度看，学科知识整合、问题情境整合和学习者中心整合成为三种可能路径。

4.课程补充，是指以提高国家课程的教学成效为目的而进行的课程材料开发活动。课程补充材料可以是矫正性和补救性练习、报纸和期刊剪报、声像材料、教学片和电影短剧、图画、模型、图表、游戏和电脑光盘等，这些材料有助于实现内在于正规课程中的课程目标。课程的补充是指对学校已经有的或者与学生生活有关的优质教育资源，学校需要对此类资源进行改造、重组，发挥其效用。例如，某些学校语文学科实施的"一组两翼"课程，它是以国家课程为基础，补充了阅读课程或其他相关的资源，使语文学科课程更加丰富、完善。教师在讲解一篇课文后，介绍学生去看相关的影视作品，或者是一些专门、系统的阅读材料，以此作为语文学科课程的补充。

5.课程的拓展，是指以拓宽课程的范围为目的而进行的课程开发活动。课程拓展的目标是拓宽正规课程，为学生提供获取知识、内化价值观和掌握技能的机会。这些东西与学生所学课程专题有关，但超出了正规课程所覆盖的广度和深度。比如，中华传统文化、趣味数学、经典谚语、英文大电影、地方人文轶事、学生领导力提升、幸福成功力、家电发展史、奇妙的人体、安全急救、演讲与口才等，都是课程拓展的好项目。

6.课程新编，是指全新的课程单元开发。例如，突出学校特点的"特色课程"、地方性专题课程，即我们所说的"乡土教材"以及时事专题课程，它们可以归为新编课程。此外，学校还可以开发新兴的专题或学科领域，以适应飞速发展的社会变革和科技进步，它也属于课程新编活动。

回过头来看看，校本课程开发的目的，是为更好地尊重和满足学校的多样性、差异性，培养全面而富有个性发展的学生。因此，每一所学校的校本课程开发的目标和内容是具有特殊性的，为避免"千校一面，万生同语"现象的发生，就必须用校本课程来支撑。

（六）校本课程开发的步骤

关于校本课程的开发，崔允漷认为，校本课程开发实质上是一个以学校为基地进行课程开发的开放民主的决策过程，即校长、课程专家、教师、学生、家长和社区人士共同参与学校课程计划的制订、实施和评价活动。结合国家课程开发的现状，每所学校的校本课程开发都有自身的特殊性。但是这也并不影响我们归纳出进行校本课程开发的基本步骤。校本课程开发应该包括以下几个步骤，分别是建立组织、现状分析、制订目标、编制方案、解释与实施方案评价与修订。

第一是建立组织。学校需要建立课程委员会，形成领导机构和工作制度。校本课程开发并不是校长一个人"拍脑袋"想出来的东西，一定要按照一定原则和规范来操作。第二是现状分析。学校要按照态势分析法等原理去分析校本课程的现状，进行需求评估、问题反思和资源状况的调查。比如结合核心素养的要求，学校需要培养学生的家乡情感、民族精神和家国情怀，思考学校现在有没有自持性的课程，能否举办相应的体验、实践活动等，通过分析找准校本课程建设的方向。第三是制订目标。学校需要思考开发什么样的课程来支撑学校的育人目标。在制订目标的过程中，还可以发现培养目标存在的问题，比如教学的问题、管理的问题等。第四是编制方案。编制方案是为了更好地调用学校现有的优质教育资源。比如东莞市常平实验小学充分挖掘了剪纸、旱木龙、红色教育等乡土资源，并对其进行科学的整合、优化，编写成校本课程。进一步来看，课程目标分一般目标和具体目标。一般目标是学科育人的目标，学科需要有三到四个辅助课程来优化、完善基础课程，以实现学科育人目标；具体目标是指学校一年能否完成一两项拓展的课程。第五是解释与实施方案。比如刘远桥校长所在的学校——东莞市大朗镇新民小学，有很大的面积，空地很多，学校可以利用空地开发劳动课程或活动场地。学校对地方的人文资源进行了梳理，结合周边劳动基地状况、本校教师能力、相关的技术进行系统考虑，清楚解释了为什么要开发这些课程。学校目前正在进行劳动教育空间的创建，开发了南国中草药园，形成了不断拓展的综合实践空间。这些课程的开发与科学综合实践，劳动教育以及语文、英语等各种学科课程相结合，形成了一个大课程的体系。第六是评价与修订。本环节需要在运作一段时间后进行，通过显性的数据和专业的评估，对课程的效益进行评估。

（七）校本课程资源的开发

校本资源的开发，要充分整合各种优质的教育资源，包括校内资源。

1. 挖掘学校文化资源。办学历程、独具特色的校训、学校精神、发展理念等都是文化资源。校本课程有学校文化的支撑，才会充满人文关怀的意蕴。学校可以挖掘本校的优秀教师、本校优秀毕业生，甚至是作为乡贤的家长，地方上有一技之长的艺人、劳模、退休干部等，把他们的精神财富挖掘出来，编写成学校的短课程，用故事、讲座或海报的形式，对学生进行感恩教育、学校精神与母校意识的培养。

2. 挖掘地域资源。每一个地方都有其独特的文化，地方文化也闪耀着中华文明的灿烂亮点。学校教育发展与地域资源息息相关，校本课程自然要整合地域特色，让地域资源成为校本课程开发的要素。在第一讲中，我以珠海市斗门区的白石小学为例，对学校办学理念中的要素进行分解。学校地处乡村，有农田、鱼塘、菜地、经济作物等，学校就利用这些地域资源开发了校本特色课程。这个案例告诉我们，学校无法脱离社会，学校特色建设需要用好地方资源，需要把地方优质的教育资源进行整合，形成富有地方特色的、能够培养学生全面而富有个性发展的校本课程体系。

3. 挖掘特色育人资源。它是指地方的传统节日文化、学校的育人举措，学生参与的学科实践活动、社会实践活动、社区服务等。如利用节假日时间在社区内开展"跳蚤市场"活动，将在学校劳动实践基地生产的物品拿到社区去义卖，到社区的养老院开展敬老活动等，都可以纳入校本课程体系中来。

4. 挖掘共建单位及国内外友好学校资源。跟友好单位建立友好关系，并定期开展互访活动。互访的仪式、过程都可以编制成相关课程，以了解国内外的文化制度和教育形态，开拓学生的全国和国际视野。

5. 挖掘人力资源。教师是课程开发的主体，学校要发挥主体的主动性和积极性，以教师的广泛兴趣和广阔视野引导学生的全面、特色发展。另外，专家也是极为重要的人力资源，学校要邀请更多的资深专家来校做专题报告，指导诊断校本课程的开发实施，给校本课程的开发实施提出意见等。校长一般都会想到邀请教育专家来给教师开讲座，但很少想到请优秀乡贤、非物质文化的传人，本地科研单位、医疗单位、文化中心的专家到学校来给学生开讲座。但是这些资源能够丰富本校学生在当地的生活，它也是拓宽学生视野的一种很好的方式。有很多学校都会邀请优秀家长到学校开课，家长其实也是一个很重要的资源。如果能利用起来、坚持下来，学校的课程就会越来越丰富。另外，要固定这些类型的课程，学校还要调查可以持续来授课的有哪些类型或者哪个行业的家长，在调查、调整中不断地完善、优化学校的特色课程。

6. 开辟实践类优质教育资源。学校需要形成本校的课程结构体系。在实践类的拓展课程可以分类为生命课程、生活课程、生存课程以及梦想课程。

生命课程包括校园的绿化、环保、生物保护、动植物园、生态园、农耕园、中草药文化主题劳动基地等。国家相关部委认识到需要提高学生的生命意识和生存能力，已经出台了"中医药文化进学校"的相关文件。

文件要求有条件的学校可以用好校内的劳动基地，开展相应的课程或活动。

在生活课程方面，很多学校注重的是传统文化，但是一个地方的公序良俗、非物质文化，以及地方的科技馆、文化艺术馆、图书馆、博物馆等，校长也要好好去利用。校长要想办法开展单位共建，为了实现学生发展的总体目标，可以整合这些优质的教育资源，与之合作共建。

对于生存课程，很多学校也有开展，或是学校自己承办或是委托专业的培训机构开展野外拓展训练等。同时本校的教师资源、家长资源也是完全可以利用起来的。比如组织亲子活动和学生一起学习茶艺、家电的使用、烹饪常识、生活手工等。广东第二师范学院番禺附属小学就开发了刺绣传承之"广绣"的传统文化项目，对学生讲述了"广绣"的历史，让学生了解传承刺绣文化，让部分感兴趣的学生学习"广绣"针法，练习制作"广绣"。在生存课程中，校长们都很注重安全教育，但是对于体育方面的运动安全教育是相对缺乏的，可能部分体育老师也没有意识到运动安全教育的重要性。运动安全教育是一个很好的项目或课程，此类课程的开展也能充分显示学校体育教学的质量和教学特色。生存的基础课程还包括身心保健课程、意志培养课程、日常礼仪课程、语言表达课程等，都是生存课程开发的好项目。

关于梦想课程，有条件的学校可以联合大学一起开发戏剧、文学、古诗词、器乐、球类、舞蹈、科技、艺术主持与播音等课程。其实在东莞理工学院附近的小学，完全可以跟理工学院的教育学院联合起来，把大学里的专家请到学校来长期开设一些短课程，或者是应时、应景类的课程。比如，东莞理工学院有文学与传媒学院，可以请相应的专家到学校来授课，帮助学校培养小主持人、小播音员；也可以请镇街广电中心的主播来跟学生传授播音、主持方面的技能，为学生的未来提供更多、更宽阔的成长之路。

另外，校本课程还来源于自然科学、人文社会科学、技术领域和社会生活。为了培养学生学会学习、学会生存、学会共处、学会发展等综合素质，可以适配本校学生的教育资源开发相应的课程。校长要在学习和实践中构建系统化、结构化的思维，同时也要不断地拓展思想的维度，形成自己的科学治校理念，厘清应该开展哪些课程来实现学校的办学理念，不断地朝着学校的办学目标前进。

（八）对校本课程的管理

开发了这么多校本课程，那么应该怎么样来管理？我认为成立少年学院是一个可参考的方案。比如学校可以成立少年艺术学院，专门负责学校开展的非物质文化、乡土音乐、舞蹈等课程，为学生提供艺术学习与发展的平台。成立少年文学院，负责设计师生的形象，开展传统文化教育、美学演讲与口才文学艺术方面的课程。成立少年科学院，建立学生发展档案、评价系统、管理系统，分层分类开设 STEM 课程，支持校内优秀学生参加省、国家级大赛。建立少年国际学院，开设国际素养、英语特色、小语种等课程，建立与世界名校合作与交流的平台。成立道德与法治学院，尝试开设乡土文化、道德与法治、革命事迹、国家精神方面的大讲堂活动。成立少年体育学院，联合体校、体院常年支持学校开展校园特色体育项目、稀有竞技类体育项目的教学。

从课程管理的角度出发，把某些课程落实到具体的部门来负责，同时要达到提高管理效率的目的，形成学校的课程特色。这些课程的开设、学院的成立，是以学科特色建设作为基础，形成学科课程群，推动大概念教学和项目式学习，然后将成熟的学科特色再上升到学校，进行总体建构，在学校特色特别明显的情况下，进一步优化成特色学校。

三、课程建设案例

（一）东莞市东城第一小学的课程建设

我在担任东城第一小学校长时，做了一个课程体系的框架。首先是理清办学理念体系，阐述"一训三风"和办学目标。学校秉承"适性扬长"办学理念，构建了学校的办学理念体系。办学宗旨是"为每一位学习者的健康发展提供力所能及的服务"，行动策略是"施行人文关怀，成就教育价值"，校训是"好好学习、加强锻炼、养成好习惯"，校风是"有仁爱之心·有强健体魄·有奋进精神"，教风是"德才兼备·乐学善教·成人成事"，学风是"好学善思·团结协作·敢于拼搏"。办学目标是在新一轮发展中不断规范、不断完善、不断创新学校的发展模式，以符合学校隶属于城乡接合部学校的特点，把学校建设成一所学习型、现代化的新型乡村学校。教师成长目标是通过"学习领导"造就一支学习型、研究型、专业化的教师团队，学生培养目标是夯实核心素养，培养"三有"（有仁爱之心、有强健体魄、有奋进精神）新人。

我在十多年前是这样考虑的，办什么样的学校、培养什么样的人，就应该有相应的课程作为支撑。"适性扬长"办学理念必须有"适性扬长"的课程作为支撑，以回答"培养什么样的人"和"用什么培养人"。"适性扬长"课程分为"适性"课程和"扬长"课程两个部分。所谓"适性"，是指课程要有教育性、适切性、可持续性，符合学生的发展性和多样性。基于这几个基本的特性，将"适性"课程分成乡土文化、人文价值和科学教育三大类课程。所谓"扬长"，是指通过不断挖掘学生的潜力，激发学生的兴趣，使学生在原有的基础上能够有所提高，此类课程分为提升实践能力和培养创新能力两大类。

第十讲　校本课程建设

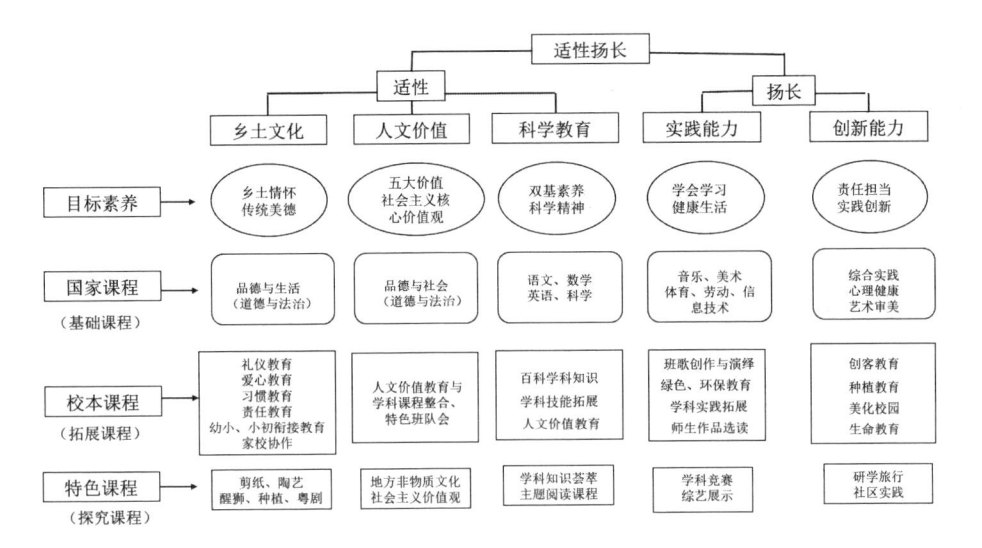

图 10-2　东城第一小学的课程建设

需要说明的是，课程体系中提出了"人文价值教育"，它是华南师范大学教科院课程教学系与香港国际萨瑟亚·赛（Sathya Sai）教育学院共同推进的课程开发行动研究合作项目，它提倡并推行五大人文价值，即"真理""善行""和平""仁爱"及"非暴力"，并倡导每所学校、每个教师都利用身边各种各样的素材或资源，在自己的课程开发与教学活动中，开展生动活泼的"五大人文价值教育"，以提高教学效果，培养孩子的人文价值和道德品行。人文价值教育的最终目标，不仅仅是知识的发展和身体的发育，更在于培养全面发展的人，这与我国提倡的"立德树人"理念在根本上是一致的。

"适性扬长"课程体系的构建，形成了一个以国家课程为基础课程、校本课程为拓展课程、特色课程为探究课程的三层结构课程体系。它是与学校的办学理念相吻合的特色课程体系，也是学校品位的象征。

1.挖掘国家课程中蕴含的"人文价值教育"因子，开展"人文价值教育"特色教学，培养有理想、有本领、有担当的时代新人。

表 10-1　人文价值教育

学科分类	学科特征	科目	素材形式 学科内容	素材形式 学科方法	蕴含的人文价值内容	教与学的方式
人文学科	伦理、正义、关爱、审美	语文	字词句篇、人类文化、人物、情感、伦理	榜样示范、阅读、审美、情感、模仿、语词敏感	伦理、正义、仁爱、同情、人际敏感、人道主义	生命故事、生活情境、讨论、静思、交流、分享、案例分析、角色扮演
人文学科	伦理、正义、关爱、审美	英语	语言、文字、文化风俗	情境、交流、对话、语感	平等、尊重、宽容、倾听、民族精神、国际理解	生命故事、生活情境、讨论、静思、交流、分享、案例分析、角色扮演
人文学科	伦理、正义、关爱、审美	品德	政治、法律法规、道德习俗、人物、情感、伦理、价值观	引导、说教、榜样、体验、辨别	法治、正义、和平、理解、同理心、非暴力	生命故事、生活情境、讨论、静思、交流、分享、案例分析、角色扮演
自然学科	科学理性、自然规律、和谐、有机性、和谐性	数学	公理、公式、概念、原理、计算、数学家、发现	推理、演绎、归纳、计算	严谨、理性、坚韧、审美	
自然学科	科学理性、自然规律、和谐、有机性、和谐性	科学信息技术	定律、公式、计算、科学家、多样性、变化性、物质世界、生命世界	实验、观察、设计、计算、分析、描述、感受	多样性、和谐、求实、求是、敬畏、感恩、审美	
综合学科	伦理、参与体验、协作	研究性学习	现象、原理、逻辑方法、研究报告	探索、实验、动手操作、分析、论证、独立思考、辩证思想	严谨、独立、合作、超越	静思、参与、表达、交流、分享、案例分析
综合学科	伦理、参与体验、协作	社会实践	伦理义务、服务、技能、社会体验	参与、体验、责任承担、友好协作	热忱、责任、义务、奉献、感受他人	静思、参与、表达、交流、分享、案例分析
艺术学科	和谐、陶冶、想象、创作	音乐	旋律、节奏、和声、复调、动作协调	聆听、体验、感受、感染、欣赏、鉴赏、示范、创造	和谐、和合、仁爱、真诚、完美	静思、参与、表达、交流、作品欣赏
艺术学科	和谐、陶冶、想象、创作	美术	造型、设计、欣赏、综合	感受、欣赏、鉴赏、创意	自由、审美、创造	静思、参与、表达、交流、作品欣赏
身心健康	勇敢、刚毅、能耐、拼搏	体育	身体协调、运动技能、运动创伤、运动防护	感受、模仿、体验、交流、合作	意志、团队精神、刚强、灵敏、忍耐	静思冥想、参与交流、精神激励、情境体验、行为训练
身心健康	勇敢、刚毅、能耐、拼搏	心理	身心和谐、心灵宁静、思维清晰、自我引导	解释、暗示、体验、影响、激励、矫正	正直、正义、关爱、包容	静思冥想、参与交流、精神激励、情境体验、行为训练

2. 开展综合实践类课程

表 10-2　综合实践类课程

时间	名称	主题	人文价值教育
一月	年的风俗	传统文化	感知"仁义礼智信"、富强、平等
	可爱的家	感恩教育	学会感恩、懂得自尊
二月	元宵灯谜节	经典诗词	乐学、好学、传承
	校园植树节	绿化校园	自主、环保、爱家乡
三月	"四有好老师"	师德培育	激扬生命、学习先进
	义工活动	雷锋精神	助人为乐、爱与奉献、诚信
四月	缅怀先烈	清明纪念	珍惜生活、牢记使命
	生命校园	美化环境	热爱自然、呵护生命
五月	校园体育节	运动竞赛	博爱真诚、友好协作、刚强坚毅
	阅读之星	读书展示	分享、交流、真诚、真知
六月	校园歌手大赛	歌咏比赛	尚美上善，启迪智慧
	端午游戏	感恩生命	名人励志、精神培育
	书画作品展	善美教育	伦理、审美、情感、创造
七月	党的生日	爱党爱国	知恩感恩、创造幸福
	素质竞赛	才艺展示	自强自立、追求理想
八月	游览河山	拓宽视野	学会交往、遵纪守法、正当行为
	暑假义工	社会实践	学会生存、学会共处、友善待人
九月	道德模范表彰	最美师生	榜样示范、积极向上
	诗词大赛	中秋诗会	以文育德、以美冶人
十月	歌唱祖国	庆祝国庆	和平共处、正义、责任、非暴力
	重阳登山	敬老爱老	生命活力、自强不息
十一月	惜物与节约	热爱生活	明事理、爱生活
	美德少年	遵守公德	好习惯、好前程
十二月	科技艺术节	科技教育	仁爱、真理、知性、科学精神
	价值演讲比赛	价值分享	

我在总结多年特色办学的基础上，重点提炼了"人文价值教育"教学特色，专门编著了一本《小学课程与人文价值深度融合的理论方法实践》书籍。这本书是我的省级立项课题研究成果之一，也是华南师范大学曾文婕教授主持的"大学生美德教育"课题的子课题。

3. 校本课程的教学评价

一是评价教学目标。能突显学科本色，清晰地将知识体系、思想方法体系、学科价值内涵进行全面分析。在教学设计上充分考虑了学科的基础性、工具性、人文性，将学科教学与人文教育的目标相融合，全面落实学科育人的教学目标，促进人的全面发展。

二是评价教学资源。注重课程资源的整合，能够从科学和人文两个角度组织、优化课程资源，在教学内容上实现学科本质与人文教育融合。运用知识主体背后真、善、美的精神教育因素，对学习过程进行有机渗透。

三是评价教学策略。能够通过最近发展区目标选择教学方式，对完成学科与人文价值教育的教学目标能够选用整合、挖掘、渗透、教授、体验、交流、评价等方式进行综合考虑，教学程序符合学生的认知规律和意义建构心理，合理使用多媒体等现代教育手段。

四是评价流程设计。以培养学生的情感、态度、价值生成为主线，以学科课程的精神或本质为基点，既关注书本知识的体系、学科课程内容的现代化，又关注人的可持续发展。紧密联系学科知识与学生生活、社会生活，让学生在学习中获得一种来自心灵深处的情感体验、审美愉悦、价值体现、道德发现和精神升华。其实，为什么有些学生会不重视学习或者是成绩不好，很大原因是课堂上没有突出价值方面的教育，只是突出了知识的教育和方法的传授，没有把学科的价值蕴含在这节课的教学中。学生有没有深度认识到所学习的知识或者方法能给现在的生活、学习，甚至今后的成长带来什么，有没有深刻地感受到、认识到这门学科的精神、取得的成就以及它的发展方向，决定学生学习这门课的速度和质量。因此，在教学中，教师应重视情感态度价值观的教育，特别是价值教育方面的教学方法与技术。2022年4月新修订了《义务教育课程方案和课程标准（2022年版）》中关于课程育人导向的内容，强调应着力培养学生的核心素养，体现正确价值观、必备品格和关键能力。

五是评价教学过程。合理设计教学的内容，根据学习的重难点创造丰富多彩的活动形式，注重对学生思维的启发与引导，做到具有层次性，能环环相扣。教学过程体现对学生不同阶段的能力要求，给不同层次学生提供展示的机会，尊重学生之间的差异性。

六是评价师生关系。师生能在轻松、民主、和谐的氛围中交流、对话，在合作中学会相互接纳、赞赏、分享、互助,师生间相互包容、真诚积极互动、共同发展。

七是评价"评价方式"。运用多元智能对学生的学习和教师的教学进行评价，包括多元评价主体、形成性评价、面向教与学的全过程的评价。注重评价肢体语言和口头语言能力、评价的形式和流程、评价的时间和重点，能增强学生成功感和自尊心，激发学生潜能，满足学生个性发展的需要，使评价能静态和动态相结合。

校本课程的教学评价总的原则是"立足学生，发展为本，突出综合，突出选择"。每门课程的质量评估重点关注的是"创新性、生成性和适切性"，其基本方式是"学科课程满意率调查""家长开放日满意度调查""学科同行互评""学科专业人员评价"四位一体的评价体系。

（二）重庆市谢家湾小学的"小梅花"课程

"小梅花"课程是"六年影响一生"办学理念的实践载体，是"红梅花儿开，朵朵放光彩"主题型学校文化的核心要素，也是"天天快乐，健康飞翔"校园生活方式的具体追求。

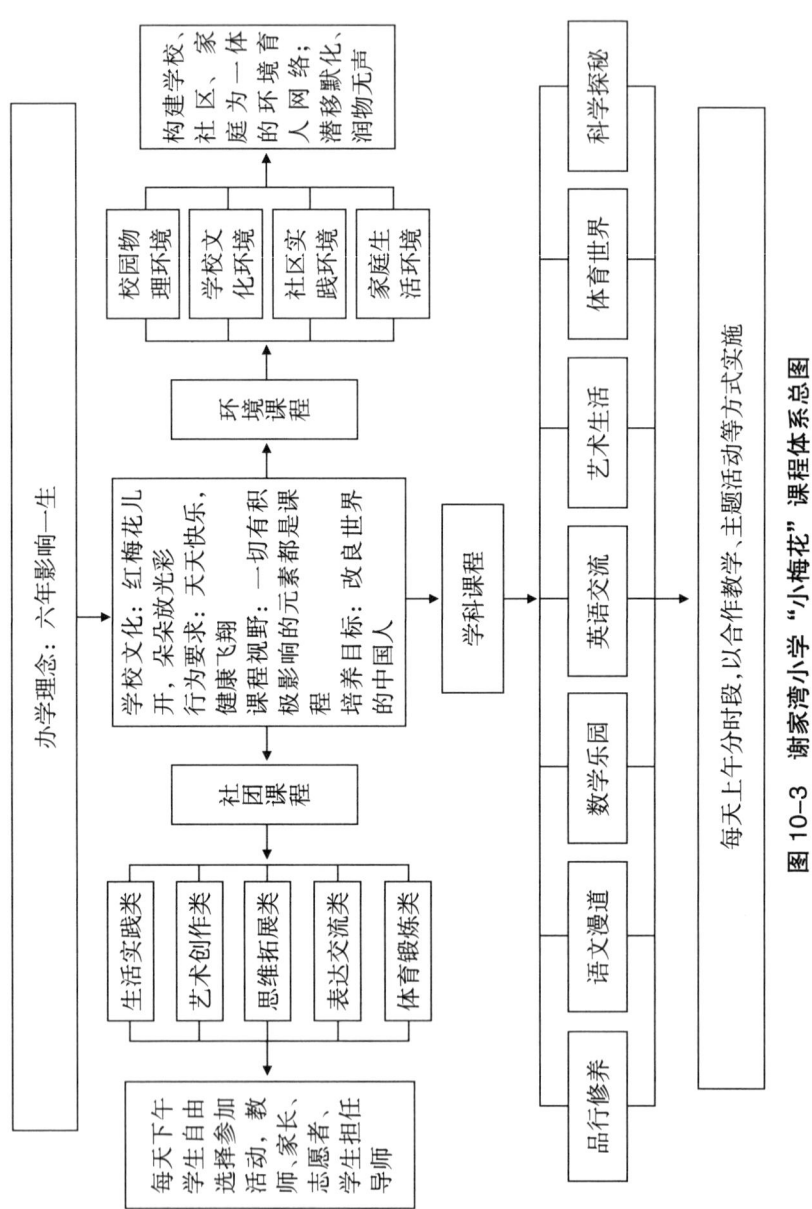

图10-3 谢家湾小学"小梅花"课程体系总图

（三）天津市河西区恩德里小学的课程体系

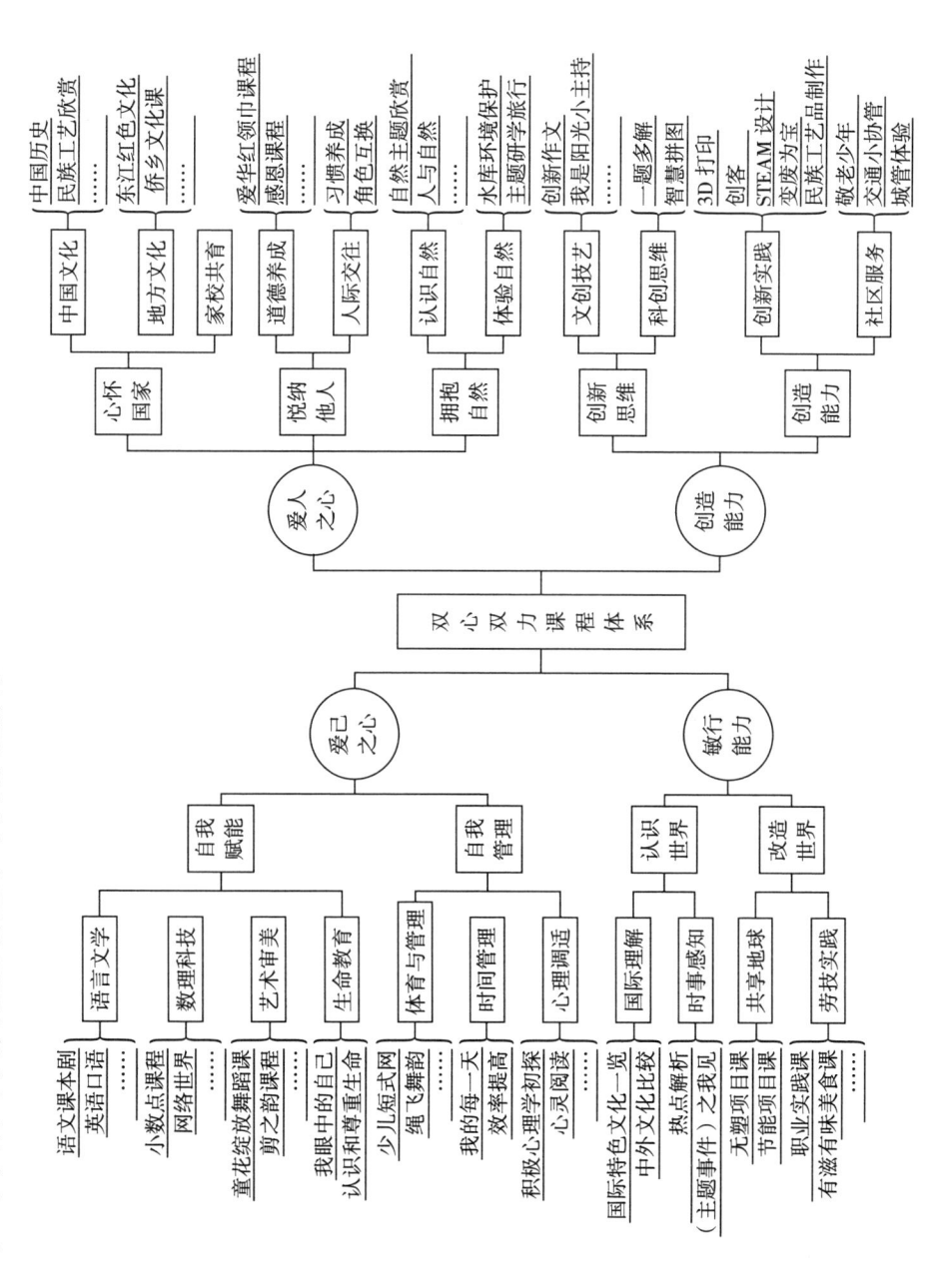

图 10-4　天津市河西区恩德里小学的课程体系

（四）恩德里小学"恩德"课程体系

"恩德"文化是恩德里小学建校以来的办学追求，恩德教育理念有着深厚的理解基础和强烈的社会认知。"恩"的本义为内心感激外来帮助，"德"可以涵盖一切正确的规范和品质，两种文化都可以规范言行，成为立身、成长、成才的基本。恩德里小学在"恩德"文化的引领下，一直前行在课程体系的构建中，并已卓有成效。学校逐渐打破原有的课程间的壁垒，有效整合课程资源，拓展课程领域，完善课程结构，构建起"双心双力"课程体系，并在实践中不断丰富和完善。（资料来源于《校长会》公众号 2021 年 3 月 15 日文章）

第十一讲　学生综合素质评价

学生综合素质评价是深化教育改革、落实教育方针的实践载体，是我国基础教育改革逐步深化在教育评价领域的具体体现。我国于2002年首次提出，2006年形成了概念，现在进入了重点研究和实践探索阶段。

一、学生综合素质评价概述

1. 评价

评价本质上是一个判断处理过程，也是综合计算、观察和咨询等复合分析过程。评价是评价者对评价对象的各方面，根据评价标准进行量化和非量化的测量过程，最终得出一个可靠的逻辑结论。

2. 综合素质

社会发展的趋势和要求就是人的综合素养的全面提高。学生综合素质，是以全面衡量学生素质发展和反映学生个体差异为出发点，注重学生的情感、态度和价值观，以及多方面潜能的发展，注重学生创新精神和实践能力的培养，促进教师关注学生的全面发展。

3. 学生综合素质评价

学生综合素质评价是根据一定的评价标准，对学生综合素质进行系统分析，做出价值判断的过程。综合素质评价是运用多种评价方法，由多个评价主体（教师、学生、家长等）对学生综合能力与素质的发展状况进行过程性的全面考察与评价，其根本目的在于促进学生全面成长下的良好个性的培育与发展。综合素质评价同时兼有选拔和育人两大功能，小学阶段要重点把握和使用其隐含的育人功能，以评促学，以评促教，以评促发展。

4. 学生综合素质评价的理论基础

（1）多元智能理论。多元智能理论是美国发展心理学教授霍华德·加德纳（Howard Gardner）在《智能的结构》一书中首先提出的。他认为人的智能是多元的，是相互交织、同时作用的；人的智能发展是不平衡的，体现在人的智能有强项、弱项之分和人的智能组合形式各不相同。根据多元智能理论，教师应该了解学生的智能强项和弱项，运用多元智能的方法针对学生的智能强项做出及时、恰当、积极的评价，来促进学生的发展。

（2）发展性评价理论。它是一种新的教育评价理念，主要强调通过分析搜集的评价信息，进而对师生的教育教学活动进行价值判断，实现师生共同商定发展目标的过程。发展性评价理论要求对学生实施综合素质评价，要密切关注学生发展的全过程，要明确综合素质评价是过程性评价，突出综合素质评价的发展性功能。

（3）权力制衡理论。它有三种，即以权力制约权力理论、以权利制约权力理论、以社会制约权力理论。以权力制约权力理论，是权力分立与相互制约；以权利制约权力理论，体现着民权对官权的制约；以社会制约权力，是社会各界对国家权力的制约形式。权力制衡理论为学生综合素质评价主体的多元化、综合素质评价的真实性、评价结果在招生录取中应用的公平性奠定了理论基础。

（4）建构主义理论。它是在瑞士儿童心理学家皮亚杰（Jean Piaget）的"认知结构说"的基础上发展起来的。它提倡以学生为中心、教师进行指导的学习方式，强调学生对知识的主动探索、发现，以及对所学知识的意义的主动建构，教师只是一个帮助者和促进者。建构主义理论为学生主体性评价的实施和发展提供了理论依据。

5. 学生综合素质评价的目的

任何评价都带有一定的目的。学生综合素质评价的目的是引导学生开展自我评价，并进行自我调整和自我管理，促进教师对他的学生成长过程的指导与生涯辅导，帮助学生确定个人发展的目标，实现全面而富有个性的发展。

6. 学生综合素质评价的意义

一是促进学生全面发展。学生将来走向社会，无论处于什么岗位、无论职务高低，都要具备扎实的基础知识、系统的专业知识、不断学习和进步的精神与能力，更要有高度的责任心、合作精神与沟通能力。二是有利于选拔合格人才。有利于克服以学业考试成绩作为人才选拔的唯一标准，转向为学生的探究、实践、创新能力、合作精神、社会责任感等综合素质。三是有利于提高日常教学质量和教师自身水平。通过对学生综合素质进行评价，有利于教育工作者更为全面、深刻地了解学生的优势和不足，根据学生的特点给予学生有针对性的指导，进而有效地提高教学质量。同时，教师提高探究精神和探究能力，才更有信心和能力对学生进行评价。四是有利于在教育中建立诚信文化。教师是学生的榜样，教师的诚信能直接对学生起到示范作用，促进学生诚信意识的养成；学生诚信意识的培养则不仅可以保障综合素质评价实施的公正性和公平性，更可以将其以自己为圆心辐射开来，影响周围的其他社会成员。五是有利于优化学校整体工作，彰显学校办学特色。学生综合素质评价突出了发展功能，发展的重点是学生，学校是促进学生发展的直接参与者。

前面我们讨论了高品质学校建设的几个关键因素，学校办学理念跟学校的课程决定学校的办学品位，学校管理和教学决定办学质量的高低。校本研修和评价体系是高品质学校建设的根本保障，也是推进办学特色生成和塑造品牌的动力机制。其目的是以评促教，以评促学，以评促发展。

7. 学生综合素质评价的原则

（1）发展性原则。是指评价要促进评价者和被评价者的成长和发展，它贯穿于评价的全过程，有助于被评价者积极上进，主动发扬优点、改正缺点。我们要以发展的眼光去看待问题，特别是考虑如何挖掘学生的潜能，帮助学生改掉缺点，使其朝着积极向上的方向去发展。不是用评价来管死，而是用评价来激励人，来使人更加积极向上。

（2）过程性原则。强调以教育教学过程中评价对象的表现作为评价的主要内容，以促进评价对象的发展为根本目的，体现满足社会发展需要与个体发展需要的辩证统一，使评价过程成为促进发展和提高质量的过程。

（3）激励性原则。指的是教育评价要挖掘其内在的激励机制与外在的激励功能，使得被评者自我完善、自我发展的行为动机被激发出来，并且激励被评者不断表现出积极性和创造性。

（4）自主性原则。是指引导每个学生积极、主动地参与评价活动，自主地选择研究型学习、个性特长等方面的评价内容和评价方式。通过自主评价，实现学生自我认识和自我评价。

（5）共同建构原则。是指由评价者和评价对象双方通过沟通、协商共同建构评价结果。一般情况下，评价都是老师说了算，但事实上，需要评价者和评价对象双方通过沟通协商，共同来建构评价的结果。

（6）方向性原则。是指教育评价不仅要体现出办学的社会主义方向和教育事业改革、发展与提高的方向，并且要使得教育事业沿着健康的方向发展。

（7）客观性原则。对学生的评价要实事求是，从学生的实际出发做出合理的评价，评价要坚持多主体参与，如结合学生、家长和教师的不同意见。

（8）参与性原则。是指评价过程中要加强学生之间，学生与教师，教师和家长的交流精进，理解与沟通，开展有效的自评，促进学生的自我完善，形成和谐的学校文化。

二、新课标背景下的学生综合素质评价

（一）学生综合素质评价依据

1. 政策要求

学生综合素质评价，需要重点关注近年来的教育政策和新课程标准精神。2020年3月，中共中央、国务院为构建德智体美劳全面培养的教育体系，颁发了《关于全面加强新时代大中小学劳动教育的意见》。2020年10月13日，中共中央、国务院印发了《深化新时代教育评价改革总体方案》。2020年10月15日，中共中央办公厅、国务院办公厅印发了《关于全面加强和改进新时代学校美育工作的意见》和《关于全面加强和改进新时代学校体育工作的意见》。2021年3月17日，教育部、中央组织部、中央编办、

国家发展改革委、财政部、人力资源和社会保障部等六部门发布了《义务教育质量评价指南》通知。2021年5月，国务院教育督导委员会办公室印发了《关于组织责任督学进行"五项管理"督导的通知》。2021年9月，教育部印发了《国家义务教育质量监测方案（2021年修订版）》。根据国家政策，各地市教育主管部门相继颁发了相关文件。2021年9月，广东省教育厅印发了《关于实施初中学生综合素质评价的指导意见》。这些文件都要求基层教育主管部门和学校改进结果评价，强化过程评价，探索增值评价，健全综合评价，充分利用信息技术，提高教育评价的科学性、专业性、客观性。

党的二十大指出，学校层面要树立科学的教育观，将立德树人摆在学校工作的中心位置，资源配置、教师评价等工作都要突出人才培养这一中心，重视培养学生的综合素质，围绕德智体美劳全面发展构建学生评价体系，不再简单地以分数考核老师、评价学生。

2. 新课程标准趋势

华东师范大学课程与教学研究所的崔允漷教授认为，本轮义务教育课程的修订，要坚持以习近平新时代中国特色社会主义思想为指导，全面贯彻党的教育方针，落实立德树人根本任务，深入领会习近平总书记在全国教育大会上的讲话精神，以"六个下功夫"为引领，从"有理想、有本领、有担当"三个方面描绘时代新人画像。

"有理想"是义务教育培养目标的方向，高度概括了时代新人应有的价值观念。中小学生作为中华民族的一员，要坚定在中国共产党的领导下走中国特色社会主义道路，学习、理解、领会、践行改革创新的时代精神，把个人理想追求融入国家富强、民族复兴、人民幸福的事业中，服务于中华民族伟大复兴的中国梦之中。

"有本领"是义务教育培养目标的基石，是对时代新人应有的关键能力的总体描述。知识是对人类改造世界的经验总结，技能是运用知识解决现实问题的素质能力。时代新人只有掌握了科学知识、练就了探究技能，才能在实践创新中磨砺本领，在沟通合作中锤炼能力，最终运用本领为理想目标的实现而努力奋斗。具体而言，"有本领"还可以细分为"六会"：会学习、会探究、会劳动、会健身、会审美、会交往。

"有担当"是义务教育培养目标的支撑，是对时代新人应有的必备品格的浓缩表述。时代新人应当在奋斗进取中勇于直面挑战，在社会交往中秉持民主法治，在日常生活中积极团结奉献，在自然生态中维护生态和谐，在文化交流中捍卫国家主权，构建人类命运共同体，努力担负起民族复兴的大任和时代赋予的使命。

"有理想、有本领、有担当"从正确的价值观念、关键能力、必备品格三个角度，引领义务教育阶段的受教育者勇于担当，把理想变为现实，让本领发挥价值。这三个方面作为义务教育阶段的培养目标，揭示了新时代义务教育阶段时代新人的成才目标和具体要求；既将立德树人根本任务具体化，细化为义务教育阶段的培养要求，又为确立以学科课程标准为核心的课程实践体系明确了根本遵循，更为中小学教育教学的实际行动指明了前进方向；是优化我国义务教育阶段人才培养与课程建设的重要指导，是培养德智体美劳全面发展的社会主义建设者和接班人的本质要求。它从根本上明确了育人理想与课程的改革方向。

在这个背景下，学校对学生的综合素质评价就有了政策的要求和新时代育人的依据。其目的就是要求学校改革现有的评价制度，为更好地培养有理想、有本领、有担当的时代新人做后盾。

（二）学生综合素质评价内容

在政策要求、理论依据的指导下，义务教育阶段学生综合素质的评价应包括"学生在受教育过程中形成的跨越学科的关键能力、必备品格和深化价值观的个性化有机融合"。2021年3月教育部等六部门颁发的《义务教育质量评价指南》中，关于学生的评价有"义务教育学生综合素质评价指标体系"，"体系"主要分为品德发展、学业发展、身心发展、审美素养、劳动与社会实践等五个方面，整体反映学生综合素质发展情况。

表11-1 义务教育学生综合素质评价指标体系

重点内容	关键指标	考查要点
A1.品德发展	B1.理想信念	1. 了解党史国情，珍视国家荣誉，铸牢中华民族共同体意识，爱党爱国爱人民爱社会主义，立志听党话、跟党走，从小树立为实现中华民族伟大复兴的中国梦而努力奋斗的志向。 2. 会唱国歌，积极参加升国旗仪式；积极参加重要节日、纪念日主题教育活动，积极参加少先队、共青团活动。 3. 热爱并努力学习中华优秀传统文化、革命文化和社会主义先进文化，传承红色基因，增强"四个自信"；积极向英雄模范和先进典型人物学习。
	B2.社会责任	4. 养成规则意识，遵守校规校纪，遵守法律法规、社会公德和公共秩序。 5. 爱护公共财物，保护公共环境，热爱大自然；节粮节水节电，低碳环保生活；积极参加集体活动，主动为班级、学校、同学及他人服务。
	B3.行为习惯	6. 注重仪表、举止文明，诚实守信、知错就改，朴素节俭、不相互攀比。 7. 孝敬父母，尊重师长、同学和他人，礼貌待人，与人和谐相处。 8. 自己事情自己做，他人事情帮着做。
A2.学业发展	B4.学习习惯	9. 保持积极学习态度，具有学习自信心和自主学习意识，善于合作学习，努力完成学习任务。 10. 掌握有效学习方法，主动预习，认真听讲，积极思考，踊跃提问，及时复习，认真完成作业。
	B5.创新精神	11. 积极参加学校兴趣小组社团活动，有小制作、小发明、小创造等科学兴趣特长。 12. 有好奇心、想象力和求知欲，有信息收集整合、综合分析运用能力，有自主探究、独立思考、发现问题、解决问题的意识与能力。

续表

重点内容	关键指标	考查要点
A2.学业发展	B6.学业水平	13.理解学科基本思想和思维方法，掌握学科基本知识、基本技能，达到国家规定的义务教育课程学业质量标准要求；校内、校外学业负担感受状况。 14.养成阅读习惯，具备一定阅读量和阅读理解能力；主动参与实验设计，能够完成实验操作。
A3.身心发展	B7.健康生活	15.营养健康饮食，讲究卫生，按时作息，保证充足睡眠，养成坐、立、行、读、写正确姿势；积极参加体育活动，坚持每天锻炼身体至少1小时，坚持做广播体操、眼保健操。 16.树立珍爱生命、安全第一意识，掌握安全、卫生防疫等基本常识，注重日常预防和自我保护，具备避险和紧急情况应对能力。 17.不过度使用手机，不沉迷网络游戏，不吸烟、不喝酒、不赌博，远离毒品。
	B8.身心素质	18.体质健康监测达标，掌握1～2项体育运动技能，有效控制近视、肥胖、脊柱姿态不良等。 19.保持自尊自信、自立自强，乐观向上、阳光健康心态，合理表达、控制调节自我情绪；能够正确看待挫折，具备应对学习压力、生活困难和寻求帮助的积极心理素质和能力。
A4.审美素养	B9.美育实践	20.积极参加学校、社区（村）组织的文化艺术等各种美育活动。 21.经常欣赏文学艺术作品、观看文艺演出、参观艺术展览等。
	B10.感受表达	22.掌握1～2项艺术技能，会唱主旋律歌曲。 23.具备健康向上的审美趣味、审美格调，能够在学习和生活中发现美、感受美、欣赏美、表达美。
A5.劳动与社会实践	B11.劳动习惯	24.具有尊重劳动、热爱劳动的观念，能够吃苦耐劳，尊重劳动者，珍惜劳动成果。 25.积极参加家务劳动、校内劳动、校外劳动，具有一定的生活能力和劳动技能。
	B12.社会体验	26.积极参与社会调查、研学实践、志愿服务和公益活动。 27.在农业生产、工业体验、商业和服务业实践中，主动体验职业角色。

从表11-1可以看到，学生综合素质评价的重点内容包括德智体美劳五个基本要素，12个关键指标，27个观测点。观测点指向的是学校文化（精神文化、制度文化、物质文化）、学校课程、教育教学中学生的各种表现以及参加学校组织开展的各类活动中的写实性表现，包括参与家庭和社会

的实践活动。

需要注意的是，按照上面的评价指标体系操作，如果学校没有开发相应的课程、举办相关的活动，就没有办法按照学校考查的指标体系对学生进行评价。也就是说，根据很多学校的现实条件，根本没办法开展指标体系中的有关项目。如果按照教育部制定的指标体系来评，学生的评价结果会出现很多空白点，实现不了指标体系制定的初衷。

前面我们讨论的培养有理想、有本领、有担当的时代新人，学校必须按照课程方案以及学科课程标准来修订、完善学校的课程体系。如果没有相应的课程、活动作为综合素质评价的支撑，学校就没办法实现党的教育目标及学校的育人目标。据此，学校需要从评价指标体系来反思办学理念体系、学校的课程建设、教育教学、日常管理，分析它们是否能适合社会的发展，适合时代的发展。

很多聪明的校长运用以评促教，以评促学，以评促发展的方式推动学校的跨越式发展。比如，大家很熟悉的松山湖北区学校的冯正华校长，他就是以学生评价作为抓手，实践探索了十几年的时间，在冯校长的大力推动下，松山湖实验小学在教学评价、学生综合素质评价这一块做得很好，我认为它是广东省内的先进，大家可以去参观学习一下相关的业务。

从考查的要点来看，需要学校对照一下本校的学生评价情况和目前的观测点，再根据本校的培养目标和现实情况去确定本校评分的侧重点，能动地去设计评价体系，设计好自评、他评等评价的方式、次数和评价的结果等。

学校可以根据"义务教育学生综合素质评价指标体系"中的关键指标和考查要点修订学校现有的评价指标体系，这是培养时代新人的国家要求。新修订的课程方案、新课程标准以及学业质量要求，都是指向学生的核心素养如何培养，学生的综合素质如何提高的。因此，学校要按照党的教育方针，按照国家的要求以及新课标的理念对本校的评价指标体系进行修订，将相关要求贯穿、渗透到学校教育的方方面面，形成对学生全方位、立体式的评价，与学业成绩融为一体。

（三）学生综合素质评价的相关要求

理想的"综合素质评价"的顶层设计，一定要给学生个体、小组留下充分的个体选择、个性发展空间。知识的建构与应用，结果性与生成性知识的整合，认知、情感、审美、想象、创造、态度、方法、意义、价值观等学生各种能力、素养和品性，都构成学生"综合素质评价"的内涵。

综合素质评价活动以真实、具体、有效的综合性实践活动为依托，在真实的活动中全面考查学生知识、能力与人格发展等综合素质，突显了评价活动的真实性。如能真正融入学校育人"大课程"的评价体系中，成为学生评价系统的有机组成部分将大有裨益。但需要注意的是，这不能成为"外加"的一个"附属物"，甚至变成一个与学校教育教学过程相脱节的额外负担。

理想的"综合素质评价"的顶层设计，一定是基于学校特色进行统筹考虑的，它体现学生个体生长特质的灵动多元，利用富于弹性和包容度的"评价"机制，学生的"综合素质"才能得到较充分和较准确的反映和评价。

此外，从资源整合、课程开发与优化的角度看，学校还有很多校本资源或者地方教育资源可以开发，这些资源的开发与利用可以为学校评价和学校特色建设提供更多的空间。多元智能理论告诉我们，多一把尺子去衡量学生的发展，可以多培养出一批有个性的人才。学校的大课程体系就可以成为学校这个评价系统的有机组成部分，随着课程的不断完善和优化，使学生综合素质评价的合理性、公平性更加彰显。

三、学生综合素质的校本评价

（一）基于校本的学生评价

学生综合素质的校本评价，是学校在正确教育教学思想以及优质学生评价理念的引领下，在对学生需求与要求进行综合评价的基础上，将国家制定的制度化的综合素质评价标准，与学校具体的教育教学目标相整合，构建出涵盖学校发展诉求及学生培养目标，具有学校文化特色与独特个性的综合素质评价体系，并进行个性化、特色化、规范化的实施过程。通过评价学生的整体发展情况，发现学校教育教学存在的问题。

学生综合素质的校本评价是通过以学校为主体进行的内部评价与外部评价相结合的方式促进学生自主发展，具有自主性、个性化、全面性和发展性的特点。由表11-1可知，学校要有具体的观测点，能充分看到学生在教育教学、活动项目中更多地展示自己不同于别人的才华。学生综合素质的评价，具体来说包含了四个方面。

一是立足于学生的全面而富有个性的发展。学校需要以发展的视角看待与考查学生行为，服务于学生主体的未来发展，为其发展寻找目标，指明方向，而非被已有的知识、成绩所羁绊，使各种风格、各种类型的优秀学生都能在学校中脱颖而出，充分发挥其天性、潜能与特长，使每一个学生都能学有所长，成为个性鲜明的综合性人才。

二是要联系学生的生活实际。学校需要依托于真实的实践活动开展评价，它是对学生在社团活动、课堂学习活动、校内外实践活动中学习能力及良好行为表现的写实性记录，是在活动中自然地、有目的地考查学生的知识、能力与人格。学校要关注可以开发的、可以整合的优质教育资源，根据学生的实际情况来实施。乡村学校有乡村学校的特点，城市学校有城市学校的特点，如果非要把乡村学校当作城市学校来办，非要与城市学校进行较量，试想一下本校的学生是否有这样的真实环境？学校是否有这样的资源去支撑学校的课程建设和特色发展？这是校长必须思考的问题。校长们一定要根据本校的实际情况来开发校本课程，并去进行评价。

三是关注评价的过程，特别是要联系生活实际，对学生综合素质的评价要求回归学生日常生活中的真实性成长事件，注意学生日常性的学习变化及行为表现，通过对学生的阶段性关注，整体了解，全面把握学生个体的成长轨迹，促使评价成为学校全面育人的有效机制。

四是基于学生特点，彰显评价的个性化。需要基于培养目标，在综合分析，准确评析，深度把握学生年龄特点与接受能力的情况下，对小学低年级、中年级、高年级学生评价的具体内容进行个性化设计与实施，制定出更具针对性与适切性的学生评价表、报告单、评价手册等，使小学生综合素质评价真正契合该年龄阶段学生的内在需要与发展诉求，更具有适切性和有效性，最终使各年龄阶段的学生都能够根据自身的发展需要和自身能力合理规划自我发展方向与目标，并在评价活动中展现自我、发展自我，培养良好个性，完善人格品质。就像写作文，一二年级要求看图写话，三四年级要求可以说清楚一件事情了，到了中学，到了大学，它的要求不断提升。学生综合素质评价也同样要基于学生的年龄特点，同时要根据教材所规定的相关要求来对学生进行评价，这才是符合学生身心发展特点进行的评价。

积极心理学理论指出，教育需要培养的学生不是考试的机器，而是有个性、有灵魂的独立个体。学生综合素质评价应该指向让学生学习、生活得更有意义和更幸福，评价指标体系的构建、评价方法、评价过程、评价结果都应强调人的价值，引导学生充分发挥自身的优势，为社会作出贡献，以获取幸福、成就未来、获得社会认可。

（二）校本评价的思路

1. 系统设计。学校可以从培养目标入手，结合管理制度、课程与教学、教师培养、评价结果运用、家校共育等整体变革方面进行设计。学校要像课程体系建设一样，根据党的教育方针、国家培养人才的要求以及新课程标准的理念，结合学校的办学理念，将学生综合素质评价的校本策略作为高品质学校建设的一项系统工程。

2. 体系构建。根据教育部颁发的"义务教育学生综合素质评价指标体系"，结合学校的培养目标、课程体系与活动项目，完善综合素质评价指标体系、实施体系和结果运用体系。

3. 分类实施。评价有自我评价、他人评价和小组评价。他人评价就是有同伴、有教师、有家长的评价，因此要充分考虑到这些多样的评价主体。根据教育部颁发的"义务教育学生综合素质评价指标体系"，评价主体各司其职，按照评价的项目、内容、方式及资料收集方式的不同，做好评价和归类，记入学生的成长档案。

4. 结果的效用。根据评价的结果，为选拔人才、生涯规划、课堂变革、教学改进、课程体系完善、学校精准高效管理提供参考。

总之，有条件的学校完全可以参照学生综合素质评价指标体系的设计原理，从理论上去建构本校的教师评价系统。比如，根据小学教师专业发展的标准，或者参考职称评定标准、名师的选拔要求，学校可以制订本校教师的专业发展评价指标体系，并建立教师专业发展数据平台，进行过程性、增值性评价。

（三）评价方式

评价方式的种类很多，操作方法有各自的特点，需要分类实施。第一是真实性评价,第二是表现性评价,第三是及时性评价,第四是延时性评价。

1. 真实性评价(authentic assessment),最早是由美国评价培训会学者威金斯(Grant Wiggins)于1989年提出。真实性评价要求学生运用所学知识技能去完成真实世界或模拟真实世界中的任务,对学生在任务开展过程中的学习成效进行评价。也就是说,真实性评价的实质就是"人"的评价,关注的是学生能力和思维的切实发展。真实性评价由真实性任务和评价量规两部分组成。真实性任务就是指现实世界生活中或模拟现实世界生活中的一项有意义的任务,要求学生综合运用所学的知识技能去分析解决。评价量规是一种评分工具,根据这个标准对学生在解决问题时的知识与技能、解决问题的能力进行分层评价。

2. 表现性评价(performance assessment),是在20世纪90年代,美国兴起的一种评价方式。是指"教师让学生在真实或模拟的生活环境中,运用先前获得的知识解决某个新问题或创造某种东西,以考查学生知识与技能的掌握程度,以及实践、问题解决、交流合作和批判性思考等多种复杂能力的发展状况"[1]。表现性评价是注重过程的评价,在课堂教学与评价中受到普遍的重视和推广。表现性评价有三种类型:构答反应、作品、行为表现,考验学生在真实情景中的问题解决能力,解决高分低能问题。

真实性评价和表现性评价,其实都是我们常见的评价方式,比如课堂提问、作业、考试等。

3. 即时性评价,它指的是教育教学活动中,对评价对象的具体表现所给予的及时性的表扬或者批评。即时性评价的作用主要在于激励、唤醒、鼓舞与调动学生参与的热情,不断发掘学生的潜能。特别是课堂的问答,

---

[1] 谢巍. 优秀教师该如何对学生进行合理评价[M]. 长春:吉林人民出版社,2018:76.

教师进行语言上的鼓励，或者是一个眼神、一个动作，让学生感觉到正向评价，能够调动起学生的积极性，进而不断挖掘学生的潜质。

4. 延时性评价，是指教师基于学生发展需要，有意识地适时推迟对学生的评价，留给学生自主发展的时间和空间，而后再根据学生在该过程中的变化和发展选择恰当的时机实施评价。学校常见的做法是，在学期结束的时候，再给学生颁奖，或者宣布结果。我们经常看到的体育竞赛、文艺竞赛以及科技竞赛，这些虽然在学校里进行过多人次的比赛，但是都没有立即颁奖，只在总决赛的时候给予颁奖，这就是采用延时性评价的方式。

2020年10月13日，中共中央、国务院印发《深化新时代教育评价改革总体方案》，明确提出完善教育评价体系要树立科学有效的原则，即"改进结果评价，强化过程评价，探索增值评价，健全综合评价，充分利用信息技术，提高教育评价的科学性、专业性、客观性"。2021年3月4日，教育部等六部门印发《义务教育质量评价指南》，指出"注重结果评价与增值评价相结合"。增值评价，就是不以学生的考试成绩作为评价学生和教师的唯一标准，引导学校多元发展。简单来说就是看进步，不搞横向比较。增值评价是考虑在原来的基础上学生的素质能不能再拓展，分的类型更多或者是更加精细，能让不同素质的学生有更好的发展空间。评价不是给学生设置天花板，而是让他能超越天花板，突破天花板的界限。

新修订的课程标准倡导学生评价有三条变革路径：纸笔考试仍是选拔性考试的主要方式，表现评价是素养导向评价改革的着力点，过程数据是评价与技术融合的新方向。纸笔考试要重建试题属性，教师应明确在什么情境下，运用哪一类知识，解决什么问题。双向细目表已完成使命，将退出历史舞台。

在实际操作中，学校要健全综合性评价。我们分析了学生综合素质评价指标体系的内容及评价策略，也谈到了学校的课程体系建设，教师需要通过大单元、大概念的教学、项目式学习、任务驱动等新的一些教育教学理论或做法，使学校对学生综合素质的评价做到内外兼顾、强弱兼顾、优劣兼顾、身心兼顾。评价的技术现在日新月异，不同的地区，不同的技术能带来很多新的评价方式，因此对学生综合素质的评价也要与时俱进。

（四）评价技术

为了开发学生综合素质评价系统，很多学校、企业都在尝试开发相关的软件，有的通过对钉钉、腾讯课堂等一些软件进行改良，构建合理的学生综合素质评价平台，取得了一些效果。

1.建设学生成长跟踪平台，支撑评价改革核心业务。借助智能技术，搭建集学生活动信息感知获取、素养模型的数据表征、素养评价的计算和素养结果的应用实践等业务于一体的学生成长跟踪管理服务平台，既为综合素养评价的应用和开展提供了基础性的支撑，也为家长、教师和教育管理者等多方利益相关者提供了参考。

2.设立标准规范，明确技术赋能下的评价。借鉴一般意义上的教育评价系统或平台，可通过遵循国家技术标准、借鉴国际技术标准和制定地方技术标准三种形式来构建综合素养评价技术标准。

3.创新技术方法，确保科学实施评价过程。技术与方法创新是学生综合素养评价得以顺利开展的"动力"和关键，其落脚点在于针对综合素养评价数据的各个流转阶段科学开发并创新应用相关大数据技术。学校要从技术方面保证学生综合素质的评价能够充分激发学生参与，能够实现自主发展和地方发展。

4.制定数据共享机制，保障评价结果科学有效。作为学生综合素养评价中最重要的"资产"，数据是确保评价目标得以实现的核心和依傍。综合素养评价数据具有大规模、长周期、多场域等特点，因此需要遵循教育伦理，在安全保障机制下，促进各类型评价数据的开放共享。

在我看来，学校的评价系统最好能够跟教育行政主管部门的系统对接，或者教育行政部门的数据跟学校所收集的数据能够进行共享，这样学校就不会做两套数据。如果学校内部用的一套，上交的各种材料又是另一套，这种做法是劳民伤财。学校最好是结合教育部门制定的指标体系，并以此为标准，基于新的信息技术或者大数据平台来进行分类制定与实施。这样，不管是哪个部门需要学校的数据，或者想更好发挥它的作用，都会比较方便。

王怀波等在《智能技术赋能学生综合素养评价：框架设计与实施路径》一文中指出，"借助技术的感知能力，实时获取学生全过程活动信息，保证测评结果的综合、客观；借助技术的连接能力，将专家的理论知识与数据的量化表征相互关联，构建可解释、可操作的评价模型；借助技术的计算优势，计算学生综合素养表现，保证测评结果的科学、准确；借助技术的处置能力，将测评结果应用于教育实践中，以发挥测评结果的育人导向作用。智能技术的感知、连接、计算、处置为学生综合素养评价提供闭环反馈：感知为连接提供数据支撑，连接为计算提供模型指导，计算为处置提供结果指导，处置为感知提供应用反馈。同时，通过智能技术赋能下四个环节的迭代循环，既可以丰富学生综合素养评价的方法体系，引领智能技术驱动评价的研究新方向，也可以发挥'以评促育'功能，真正发挥综合素养评价结果的育人导向作用。[①]"

---

① 王怀波，柴唤友，郭利明，等.智能技术赋能学生综合素养评价：框架设计与实施路径[J].中国电化教育，2022（8）：16—23.

（五）评价流程

1. 数据输入。根据学生日常学习与生活的文字、图片、音频、视频、作品等各类数据，采用物联网、视频监控、智能录播、点阵数码笔、校园一卡通等技术实时采集全样本、全时空数据进行输入。虽然现在很多学校也使用了校园一卡通，在教室的门口也挂了视频监控，但是学校能否将学校现有的各种设施、设备跟学校的评价系统连接起来呢？理论上应该是可以的。比如虎门镇东方小学，每个教室门口都有一个平板电脑，它能够让学生看到通知，也能让班主任知道哪个学生在什么时间离开等信息。是否可以一点一点地把大家使用的现代技术设施设备与学校的大数据的分析融合起来，包括安保系统、教务管理系统、教师的专业成长系统。去年我参访了松山湖北区学校，了解到该校正在利用核心的处理技术，把校园的管理、学生的评价、教师的发展以及设施设备的使用等整合成一个高端的大数据管理系统，效果很不错。

2. 数据处理。大数据处理技术可快速准确地清洗与集成海量数据，进行数据转换与数据归约，实现评价数据从"非量化"到"可量化"，从"碎片"到"集约"。比如，学校可形成规范化的命题，利用人工智能的处理，形成标准化的数据，这可能对本校学生的综合素质评价，特别是对相关的考试结果分析有比较大的帮助。

3. 数据分析。大数据提供分类、关联与聚类等分析，深刻揭示学生素质发展共性与个性问题，深度挖掘综合素质发展的过程与特点，精准预测未来的发展潜力与趋势。刚才谈到考试命题可以实现电子化，从学生的得分率看出本班学生掌握知识的情况，从答题情况可以看出教师教的侧重点，或者是有没有突破重难点，也可以从数据的分析当中，看到学生的情感、态度、价值观的有关表现。数据分析可以给学校带来教育教学上的参考，分析得越精准，对调整学校的管理、教育教学，推动学校的改革的帮助越大。

4. 数据输出。大数据提供智能化、共享化、可视化的输出技术，可直观呈现学生发展的现状与趋势，整体揭示学生发展的过程与结果、优势与劣势。

5. 评价反馈。大数据提供智能化、个性化、精准化的推送技术，为学生提供个性化的评价反馈与差异化的发展建议。

学校要根据学校现有的人力、物力、财力，根据学校的办学理念和特色，研制校本化学生综合素质评价策略，以此积累经验，建立评价模型。

第十二讲　良好育人环境的构建

良好育人环境的构建是促进学风、教风、校风形成的重要途径,是实现办学目标必不可少的基础。学校必须结合自身的办学愿景、特色建设目标,充分调动周边各种教育教学资源,打造安全舒适的校园环境,提高办学品质,办老百姓满意的教育。

良好育人环境的构建这个主题包含了校园环境、家庭环境、工作环境和社会环境这几个模块。每一个模块又分成若干个要点,并按照一定的逻辑进行排列,每一个呈现点有相关的做法或案例。

一、校园环境

对于良好校园环境的构建,我认为学校首先要给每个学生提供良好的学习环境、体育环境和交往环境。这些环境的建设促使本校的学生成为新的"三好学生",即每一名学生都学习好、身体好、性格好。

(一)学习环境

学习环境建设的目的是为学生提供能开展有意义学习的认知条件,

营造良好的学习氛围，引导学生自觉进入这种学习环境，进行自主学习，使之浸润于探索与思维之中，提高学习成效，即学习好。

第一，学习的物质环境。主要是指经过人们组织、改造而形成的校容校貌和校园学习环境，具体包括校容、校貌、自然物、建筑物及各种设施等，能潜移默化引导学生学习。保持校园物质环境的干净、整洁，不仅能为全校师生营造一个舒适的学习环境，还有利于学生形成良好的卫生习惯。

第二，学习的智能环境。营造一种能感知学习情景、识别学习者特征、提供合适的学习资源与便利的互动工具，能自动记录学习过程和评测学习成果以促进学习者有效学习的活动空间。

第三，学习的人际环境。教师树立的治学认真、作风严谨、态度热情、工作一丝不苟等形象，能给学生以好的影响，促使学生好好学习；教师善用积极教育学和积极心理学原理营造一个人人守纪律、讲文明、勤奋好学的班级、学习小组，有助于学生自主学习、合作学习、探究学习。

第四，学习的精神环境。它是校园的灵魂，是学校师生认同的价值观和个性的反映，具体体现在校风、学风、校园精神、学校形象等方面。教育引导学生积极参与校园精神环境建设有助于改善校园学习风气，并形成一种积极向上的精神文化，影响身处其中的每个人。学校倡导的价值观对师生的影响特别大，比如公平正义、拼搏友善等，它是树立、培育师生的学校精神的一个很重要的精神环境。学生将来有没有母校意识，也受到学习环境潜移默化的影响。

（二）体育环境

学校体育环境是指开展学校体育活动需要的所有条件的总和，是学校教育环境的组成部分。学校体育环境建设有助于学生更好地掌握体育知识与技能，有助于培养学生锻炼身体、独立思考、创新学习的思维能力及良好习惯，从而推动学生全面自由发展。良好的体质，是生活、学习和工作的基础。

1. 增强学生体质。学生在体能的练习、运动技能的学习及参与运动的过程中，提高运动技能、安全意识和心理素质，让学生形成终身体育的意识及自觉行为等。

2. 提高学生综合素质。良好的学校体育环境不仅可以使学生心情舒畅，精神振奋，提高学练兴趣；而且能够陶冶情操，培养学生感受运动之美、鉴赏力量之美和创造生命之美的能力；同时也有助于学生体育习惯的形成。体育锻炼中的心理引导能够培养学生的艰苦奋斗、努力拼搏、追求完美的精神，并能够迁移到其他的方面。

3. 让学生充满希望。奥林匹克精神的内容"相互理解、友谊长久、团结一致和公平竞争"，更快、更高、更强、更团结是全世界人民共同的心声。开展运动会及各类体育赛事，可以激发学生的拼搏精神；通过观看影视或现场感受，能让学生体会运动员在赛场拼搏的激情，让学生勇敢地去激起梦想的脉搏，去努力奋斗。

培养学生良好的身体素质，学校要坚持做好"每天锻炼一小时，健康工作一辈子"工作，以养成良好习惯，对学生未来产生影响。

（三）人际环境

良好的人际关系是衡量心理健康的重要指标，它能使学生心情舒畅、身心愉悦。人际环境建设的目的是培养学生的自信心、合作意识和群居能力，塑造其乐观豁达的品格，即性格好。

1. 优享教育公平。教育公平是良好人际关系的基础，教师在分配学习资源、学习工具，安排学习任务时要平等地对待每一位学生，让每一位学生感觉到在这个集体中是平等的、没有高低贵贱之分的，让他们敢于交往、乐于交往。教师应尊重、关心每一位学生，营造出一个宽松和谐的交往环境，严厉杜绝学生在校园学习、生活中受到欺负、排挤，甚至遭受霸凌的情况发生。如果学生感觉到不公平的话，他的身心就会发生变化，多多少少可能会产生对集体的排斥，不愿意融入集体，自我孤立。在平时的教育教学过程中，班主任要以身作则，做到公平对待每一个学生，让学生感觉到班集体非常融洽。

2. 培养学生的同理心、同情心。因为每个学生的家庭文化背景以及相应的习惯可能都不同，所以难免会有个性的差异或者是心理上的差异。学校应该怎么做？应该通过故事、影视作品、身边榜样、优秀者示范等方式让学生学会理解他人、宽待别人，尊重他人，懂得尊重别人才能得到别人的尊重的道理。用正确的价值观引导学生看待自然、社会和自己的未来，让学生懂得人之所以为人的灵性、理性特征。如果我们培养的学生没有同理心、同情心，那么他对人的情绪会较为冷漠，对跟自己没有关系的人不屑一顾，甚至会产生一种歧视。因而培养学生的同理心很重要，有同情心、同理心，学生才会主动融入集体生活中来。

3. 培养学生的合作精神和探究精神。学校、教师要适时创设师生、生生、亲子交往的平台，开展适合他们共同参与的活动，引导学生积极合作、乐于助人、友爱谦让，培养学生适应社会的技能。目前，每个学校都在开展亲子活动，低年级开展亲子活动相对多一点，高年级一般比较少开展亲子活动。其实在家长进校园、教学开放日、家长会等活动中，学校同样可以安排时间开展相应的亲子交往、合作探究活动，以培养学生的合作意识和探究精神。

4. 培养学生的抗挫折能力。在学生面临挫折时，教师要引导学生正确认识自己，学会变换思维的角度和方法，以积极的态度对待挫折，以助他们摆脱挫折困境。鼓励学生在集体活动中发挥长处，从容自如地表现自己，克服孤僻的心态和行为。让学生明白，要实现理想，自己可能会遇到什么困难，也可能会有什么样的收获。而克服困难是一个痛苦并快乐着的事情，是不断战胜自己的过程。同时，教师要尝试运用积极心理学中的最优理论——"心流"，让学生的学习任务跟学习能力相匹配，这样学生可能会产生一种忘我学习、忘我奋斗的境界。

对于人际关系的培养，既要加强学校层面的引导，也要在课堂教学和课外活动中加强引导和培养。这些工作能够比较好地引导学生塑造良好的性格，有助于他们学会交往，学会生存。

从学习好、身体好、性格好这三个方面来看，营造良好的环境，能为本校的学生提供其创造美好生活的最根本保障。

二、家庭环境

家庭环境，对小学生来讲，最重要的一是要培养学生的劳动习惯，二是要培养孩子读书的习惯，三是要让孩子参与美好家庭生活的建设。

（一）劳动习惯

劳动是人类社会生存和发展的基础，是一切幸福的源泉。劳动教育具有树德、增智、强体、育美的综合育人价值。贯彻落实《关于全面加强新时代大中小学劳动教育的意见》是当前的重要工作，培养学生参与家务劳动的习惯，促进劳逸结合、体脑结合对学生的健康成长具有重要意义。

第一，让孩子明白自己的责任。孩子作为家庭中的一员，有责任有义务分担家务劳动，应该帮助父母做一些力所能及的家务事。学校应鼓励学生参与家庭劳动，让学生不仅能体验到劳动的辛苦与喜悦，还能深深地理解和体会到父母做家务的辛劳，从而在劳动中懂得感恩，懂得劳动的价值，学会生活技能。

第二，家长要强化指导。因为每个人不是一生下来什么都会做，良好的家务劳动习惯养成需要教师的指引和家长的具体指导，让学生懂得通过劳动才能获得合法的劳动报酬，在劳动中才能懂得节俭。家长对孩子的劳动指导可以采取巧用家务清单、制订家庭公约、教授技巧、限定完成时间等方式，也可以进行有趣的亲子游戏增添乐趣。作为专业人士的老师也应该提供一些好建议，并且让学生家长知道，家长在家培养孩子的劳动意识、劳动能力以及劳动习惯也是人生中的一件大事。

第三，营造良好的劳动氛围。父母要对孩子的劳动成果给予及时的赞赏和肯定，鼓励孩子积极做家务，用积极的态度和行为去感染孩子，做好孩子的榜样。也可以在孩子面前学会适当地示弱，表达需要孩子的帮助。家长还可以找机会有目的性、针对性地夸奖孩子，表达孩子参与家务活动，对幸福家庭有很大的影响。在引导学生参与家务劳动过程中，让孩子逐渐明白自己的事情自己做，做家务劳动很光荣，会劳动的人受尊重等道理。学校可以编写相应的一些课外教程或者是家庭教育课程，指导家长做家庭教育。学生劳动习惯的培养，需要各方共同努力。

目前，学校课程体系主要指校内课程和社会实践课程，没有涵盖孩子在家受教育的课程。我在东莞市谢岗中心小学指导课程体系建设时提出，学校课程应该是一个涉及利益关系人的完整课程，既要有学生的课程，也要有教师课程、职工课程、校长课程和家庭教育课程。这是一个涉及学校内外完整的大课程体系，也是学校营造良好教育环境的一种很好的做法。我指导谢岗中心小学把家庭教育课程（特别是劳动教育和心理健康教育）、教师课程和职工课程等进行整体设计、分类安排并实施，取得了良好的教学效果。我认为要想真正打造一所品牌学校，学校的相关利益者都要有学习与发展的课程，这样才能促进学生综合素质的整体提升。

（二）书香家庭

家风是父母在日常生活的言传身教、潜移默化中形成的。"耕读传家、诗书济世"是家族兴盛与持续的保障条件。在终身学习的年代，唯有通过读书、劳动来拓展知识边界和生产技能，才能创造自己的美好生活。书香家庭的建设有助于父慈、妻贤、子孝，最终走向美好家庭。美好家庭的创建，需要父母做好榜样示范，让孩子看到生活不是眼前的苟且与挣扎，而是远方的希望。一个人能静下心来读书，就可能撑得起人生的梦想。

1. 动静结合。养成阅读与运动习惯，让孩子与众不同，而独特的经历，成就独特的人格魅力。所以家庭读书氛围的营造很重要。家长要鼓励孩子静下心来读书，潜下心来做事，用学到的知识去体验生活，去探索世界，以激发孩子的潜力，实现人生的理想，成就自己生命的价值。

2. 挖掘潜能。教育、引导孩子多读书、读好书，能够让其在潜移默化中掌握学习方法，提高孩子的识别能力和自身对事物的判断能力。"读书百遍，其义自见"，读书读得多了，就能摸索出读书的方法。鼓励孩子结合学到的知识去体验生活，在实践中学会知识迁移、能力转化，建构自己的生活意义，从而挖掘自己的潜能，创造更美好的未来。

3. 兴家旺业。苏霍姆林斯基指出："所有那些有教养、品行端正、值得信赖的年轻人，他们大多出自对书籍有着热忱的爱心的家庭。"亲子之间交流各自的读书心得，能激发思维、增进亲情、传递能量……很多家长在孩子还小的时候，特别是上幼儿园这个阶段，给孩子讲睡前故事，陪孩子一起阅读，或者播放一小段朗读的故事给孩子听，这是一种非常好的教育方式。这也让孩子和父母的感情越来越深，能够真正实现心与心的交流。父母以身作则好读书、读好书，提高自己的素质，给孩子做一个学习的榜样。把读书传家的优良传统传给孩子，让孩子在读书、劳动、奋斗中振兴家业。

这样一代一代传承下去，我们的生活会越来越好，我们的家庭、民族、国家也会更加美好。

（三）创造生活

创造美好的生活，需要家庭每一个人、一代又一代人的持续努力。因此，要引导孩子参与美好家庭生活的建设，用长远的眼光看待孩子的发展。

1. 身心健康。积极的情绪、顽强的意志、清晰的认知、健康的人格共同构成我们迎接未来社会必须具备的优良心理品质。对于一个学生来说，就必须引导他们好好学习、加强锻炼、养成好习惯，以培养出健康的身心。

2. 和谐共进。家庭是社会的细胞。和谐幸福的家庭氛围是幸福人生的开始，是奋斗力量的源泉，也是孩子一生幸福的基础，更是和谐社会的基础。"勤"能养财，"爱"能养家，"俭"能养廉，"诚"能养友，"善"能养德。唯有夫妻间琴瑟和鸣、亲子间尊重与激励，才能和谐共进，才可以实现一代胜过一代。

3. 创造未来。家长应遵照《中华人民共和国家庭教育促进法》的要求，对孩子实施道德品质、身体素质、生活技能、文化修养、行为习惯等方面的培育、引导和影响。培养孩子强烈的学习兴趣和良好的习惯，才能激发其内驱力，并竭尽全力去追求自己的理想，创造美好的未来。

我们要清楚区分学校和家庭的责任与义务。教师是专业技术人员，要根据学段的特点，利用恰当的时间和机会引导家长教育好孩子。家校共育方面，东莞市家庭教育指导中心张润林主任对很多中小学做过相应的专题，他通过解读《中华人民共和国家庭教育促进法》等政策文件，使很多教师和家长明白了自身的责任和义务，转变了以前的家庭教育观念，习得了适应新时代发展的家庭教育方法和技能，达到了政府所期望的家校共进效果。

三、工作环境

教师要做到坚持教书和育人相统一,坚持言传和身教相统一,坚持潜心问道与关注社会相统一,坚持学术自由和学术规范相统一。我们广大教师要静心教书、潜心育人,把自己的青春和智慧奉献给祖国亿万的孩子们,成为实现中华民族伟大复兴中国梦的"筑梦人"。

这里所说的工作环境其实就是强调我们老师言传身教的作用。教师的职责是传道授业解惑,为学生做好榜样示范作用。从这个角度来看,在营造良好的育人环境工作上,教师应该做什么?怎么做?我们从两个方面进行分析:一是成人成事,二是创新创业。

(一)成事成人

成事成人最核心的东西是爱,爱是教师的天职。教师只有不忘立德树人的初心,才能完成为党育人、为国育才的使命。以爱育爱,以智启智,可以创造奇迹。叶澜教授在"新基础教育实验"中的核心价值观是成事中成人,以成人促成事,指出读懂时代、读懂学校、读懂教师、读懂理论与实践的关系,以生命的质量和发展为核心,方能激发内生力量,追求更大的进步和提升。

成人包括了成就学生、成就自己,成事就是成就学校、成就教育。

1. 成就学生。"师者,所以传道授业解惑也",教师要培养学生各种良好的习惯,要争做积极情绪的引导者、新课程标准的先锋,要努力赋予学生们人生的最大财富——知识、性格、教养和思维方式,将这些自己悟到的观念,或者自己的亲身体会传授给学生,并鼓励学生执着理想、热爱生活,让学生的生命绽放,成为最好的自己。在这里向大家推荐美国泰勒·马里写的《老师如何成就学生:向世界上最伟大的职业致敬(Taylor

Mali）》，它能帮助教师学习如何成就学生。

2. 成就自己，意为成功造就自己。教师是学生的参照，学生学习的榜样；教师是学生学习的引导者，学习的组织者。教师自身的言行，教师自身的素质、气质是影响学生的一个很关键的因素。教师想要把学生培养成什么样的人，自己首先就应该成为什么样的人。教师要耐得烦，受得苦，忍得气和孤独，方能修炼好心态，做到教学、育人、科研的良性互动，才能更好地获得学生的认可与尊重，获得自我成长的空间。

3. 成就学校。为什么要成就学校？学校的高品质建设、教育的高质量发展离不开每一位教育工作者的砥砺奋进，离不开每一位教师用自己的言传身教、为培养德智体美劳全面发展的接班人作出新的贡献。学校需要每一位教师争做明师、人师，建立学研共同体，提升学校的核心竞争力。

（二）创新创业

创新是创业的本质特征，创业是创新的目标。创新创业教育的本质是育人，重在培养学生的创新精神、创业意识和创新创业能力。大国良师，在于为学生的求知、创新能力提升以及品德培养指明方向，形成创新意识与创新能力。

1. 有理想信念。创新创业对学生有什么影响？对我们老师自己有什么样的影响？我们首先要弄清楚什么是理想信念。华南师范大学的原副校长、华南师范大学附属中学的校友吴颖民教授，他在某个场合表达了教师的理想信念意涵，认为教师的理想信念是对教育的价值和意义、教育的基本理论、教育规律、原则和规范的认识，它伴随着对教育强烈、真挚的情感和献身教育坚定不移的意识。执行党的教育方针，与祖国同向，与人民同向，在教育之路书写出人生的华彩篇章！

2. 有创新意识。只有创新型教师才能培养出具有创新精神的学生。在教育教学中，需要结合新技术、新方法、新材料、新环境创新学习方式、创新教学研究、创新教学设计，不断提高教育教学绩效，创造新的增长点，培养出更多更好的勇于担当、善于学习、敢于超越的高素质人才。

很多课题立项申报书要写研究的创新点，有老师写自己的创新点时，表述的是理论创新、模式创新。个人认为，中小学的课题研究一般是在技术、方法、材料几个方面的创新。课题立项必须有理论依据，中小学的课题研究是在前人研究的基础上，发现有哪些理论、成熟的经验可以指导研究者开展相应的研究，有哪些理论、经验存在不足，研究者还有哪些研究的空间。因而，在课题立项中写"理论创新"，要符合实际。

3. 有创新能力。根据新时代对教育的要求，教师要敢于整合优质的教育资源，开发新教材、新教具，择取新技术优化教学模式，推动课程改革、教学改进，拓展教学领域，形成教学风格、育人艺术，更新教育思想或形成新的教学派系。

未来教师需要具备哪些素质或条件呢？比如要学习和使用新技术，探索信息技术模式下的教育教学，学会整合资源开发新的课程，学会多元评价的技能等。如果自身的学习跟不上，就根本适应不了未来的教育。

四、社会环境

社会环境的保障，直接指向教育如何让每一个生命过得有尊严、有意义，让每一个生命都有价值。基于这样的思考，我选择了以下三个方面的问题来阐述如何构建良好社会。

（一）文明上网

网络文明是伴随互联网发展而产生的新的文明形态，是现代社会文明进步的重要标志。加强网络文明建设，成为加快建设网络强国、全面建设社会主义现代化国家的重要任务。中小学要加强网络文明教育，培养学生善于搜索和辨识信息、坚决抵御不良信息的诱惑、拒绝沉迷于网络游戏的能力，全面提升中小学生网络文明素养。

1. 正面教育。我们支持网民文明上网，但是小学生知识与阅历有限，网络上存在大量的不良信息、图片，如果不注意引导，会给小学生带来无法想象的后果。我们应该进行正面教育。学校要研制网络文明实施方案，落实好专职教师全面指导中小学生认识网络，帮助学生树立绿色上网、文明上网的正确意识，培养学生抵御不健康网站侵蚀的能力。通过作品创作和实践活动，弘扬社会主义核心价值观和积极健康的网络生活方式。

2. 活动引导。围绕学生在日常生活中可能遇到的各种网络安全问题，开展形式多样的体验活动，采取观看视频、图片展示、现场演示等形式让学生了解不良游戏、网瘾的危害，自觉抵制网络不良信息和不法行为；采取书面承诺等形式提醒学生正确对待网络交友，文明使用网络用语。

3. 协同共管。学校要经常邀请网警、网络监督员、中国关心下一代工作委员会的工作人员进行网络法规、网络安全等方面的专题讲座，帮助家长提高网络素养，掌握沉迷网络早期识别和干预的知识，通过多方协同，促进家庭、学校、社会的联动，实现共同育人。

（二）遵守公约

公约是指人们就有关国家、社会、群体之间的利益问题进行公开讨论后达成一致并共同遵守的约定。在社会生活中，遵守市民公约、乡规民约、学生守则就是实现自我管理、自我教育、自我服务、自我监督的行为规则。它是当前化解社会生活中的矛盾纠纷、维护社会和谐稳定的有效途径。具体来说可以分成以下三个方面。

1. 自我管理。教育和引导小学生遵守《中小学生守则》和《小学生一日行为规范》，使其在学习生活中不断提高自身的综合素质，树立自尊、自爱、自强、自律的意识，对学校、班级和个人都要有强烈的责任感，并且能够正确处理日常生活中的人际关系和矛盾冲突。

2. 保护环境。教育和引导学生敬畏自然、珍爱地球，树立绿色、低碳、可持续发展理念，尊崇、顺应、保护自然生态，不破坏公物，并在公共场所讲究卫生（垃圾分类、文明如厕、减低声音等）、节水节电节粮、遵守交通规则等方面做好一名小卫士、小先锋。如果学校通过这些细小的活动能够让学生从小就懂得如何去遵守社会公约，那么学生成长过程中就会珍惜和保护好我们生活的良好环境。

3. 传承文明。优秀的传统文化、革命事迹、文物和文化遗产承载着中华民族的基因和血脉，是不可再生、不可替代的中华文明资源。通过观看非物质文化影视、学习传统技艺（如剪纸、编绳、舞龙舞狮、武术、戏曲等），让学生在感受历史的智慧、体验中华传统文化之美的同时，传承中华文明，创造中华民族新的辉煌。

（三）关爱生命

尊重每一个生命，与每一个生命和谐相处，是生态平衡的要求，也是社会和谐的呼唤。要教育学生认识生命，珍惜生命，尊重生命，热爱生命，提高生存技能和生命质量；还要教育学生挖掘生命的潜能，实现自我价值，使生命得到更好的发展，并与家人、他人及社会和谐相处。

1. 开发课程。前面介绍了叶澜教授对新基础教育的观念，其中很重要的一句话就是"教天地人事，育生命自觉"。学校要从生命与健康、生命与安全、生命与成长、生命与价值，以及生命与关怀等不同的领域开发适合学生学习的课程，教育学生认识生命的基本现象，建立自我保护的意识，增强减灾防灾能力，自觉抵制不良诱惑（比如性侵害、网络诱惑、毒品诱惑等），保护好自己。所以，学校课程体系的构建，要开发关注生命、呵护生命的相关课程，以完善学校的课程结构。

2.活动体验。开展感恩教育、扶弱助残，让学生学会感恩、学会关怀，把更多的爱奉献给周围的人，奉献给社会，弘扬中华民族尊老爱幼、扶残助残的传统美德；组织校外劳动实践，带领学生从书本走向生活，从课堂走向社会，理解生命与劳动的关系，培养学生的劳动精神、实践能力和责任担当意识，增强身体素质和安全意识，磨炼意志品质。

3.激扬生命。关爱生命的一个关键点是激扬生命。学校要将生命以价值引导作为重要教育内容，使学生能珍惜生命和生活，不至于因遇到困难或暂入歧路而迷失方向。同时，让学生认识到生命的神奇和有限性，增强生命创造意义的紧迫感，引导学生在激发生命潜能走向卓越的过程中，激发生命创造的活力，实现自身的完满。

良好育人环境构建的主体是学校。学校要在绿化、净化、美化学校环境的基础上，积极开展多元化社团活动，利用传统节日、学校节庆，借助家庭和社会的力量，打造和谐、快乐、幸福的校园。特别是在"双减"政策下，细化"五项"管理，加大"课后服务"力度，不断营造和谐的育人环境，提升学校办学质量，构建良好的教育生态，推动义务教育高质量发展。

后　记

《高品质学校建设十二讲》是我先期完成的《个性化学校发展的理论、方略及实施案例》著作的姊妹篇，在一定的程度上，将广东省东莞市中小学创建品牌学校实践指导转变为面向广东省内小学提高办学品质的经验传播。对十二个专题的思考、策划、表达，既是自己理念、理论的深入、内化和提升，又是发现自身诸多方面不足的多面镜。

《高品质学校建设十二讲》是利用节假日的时间开讲，从 2022 年 4 月至 11 月，历时 8 个月。从时间维度上看，完成系列专题是相当紧张的，在理论高度、视野宽度、经验提炼上还远远不够，显示了自己学力不逮，用力不够，缺乏应有的专心和聚焦。在空间维度上，网络的穿透力远不如现场产生的思想碰撞、情感交流、即时互动效果，但是网络的容量大，汇集的听众多，能够保存视频并将录音即时转化为文字。虽然网络教学已有很长一段时间，但面对不同类型的校长做专题，如何做得更好对我来说是一种新挑战，也是我要尽快适应时代变化的一种转变。对于十二个专题的分享，只能说是完成了任务，没有达到自己预想的效果。

整理完此书，我深切领悟到在网络上开展的办学指导、教师培训、课题论证是新时代教育服务的一种常态。自身的学习方式优化、指导和培训方式创新是我今后努力的方向。我也告诫自己要强化新知识、新技能的学习，对学术生命根基要不断地进行弥补、再造，以进一步缩小恐慌区，扩大成长区，更好地成就生命的价值。

在专题分享和成书的过程中，得到了广东第二师范学院培训与社会服务处领导，揭阳市榕城区教育局宋壮明局长及教研室刘松辉主任、林灿奎等教研员，广东省中小学名校长戴彦勋、郝洁工作室，东莞市中小学名校长刘雄山、杨居军、徐东亚、罗月秀、刘远桥、李敏君、尹瑞玲、童梅春、刘庆兵、林彩凤、邹彬彬工作室，梅州市中小学名校长李钧、吴海芳工作室、揭阳市中小学名校长陈爱群工作室等诸多同仁的支持和鼓励。特别要感谢广东省中小学名校长戴彦勋为我提供锻炼的机会、与众多校长交流的平台，及其工作室助理周艺、张理现、尹芳、陈熠婷在录视频和剪辑、后期将录音转成文字等方面做的大量的工作。感谢我的同事钟丽霞老师，参与分享了"现代教育之术"专题，对教育技术的前沿做了生动的介绍；感谢我的爱人吴文纯老师支持、理解我在节假日的忙碌！

刘建强
2022 年 12 月 30 日